보호자

보호자

각본 정해신 | 각색 정우성, 허담 | 콘티 조성환

배우로 액션 연기가 필요하다고 생각할 무렵 출연 제안을 받고 〈보호자〉의 여정이 시작되었습니다. 연출까지 하게 된 이유는 '이 이야기라면 제가 연출 도전을 해 볼 수도 있지 않을까?'란 생각 때문이었습니다.

첫째, '수혁'의 단순하고 명확한 감정 라인이 연출을 병행하는 것에 대한 부담이 적을 수 있다.
둘째, 익숙한 구성의 이야기에 대한 새로운 해석을 담아 보고자 하는 욕구.

지금도 촬영 현장이 제일 재미있고 좋습니다.
그곳에서 살아있음을 느낍니다.

그러한 수많은 영화 현장을 겪으면서, 백여 명 이상의 스태프와 배우들의 에너지가 하나의 목표를 향해 모이는, 〈보호자〉에서 누렸던 그 순간의 기쁨은 특별할 수밖에 없었습니다. 익숙한 설정의 〈보호자〉에서는 연출자로서 캐릭터를 잘 만들어내는 것이 필요하다고 생각했습니다. 제가 배우이기 때문에도 그럴 것입니다.

〈보호자〉의 이야기는 제목처럼 단순합니다.

정말 지키고 싶었던 존재인 사람들과 함께 위험했던 과거와 결별하고 평범하게 살고 싶은 '수혁'과 그런 그의 결심과 생각을 자신의 판단으로 믿지 못한 사람들 사이에서 일어나는 해프닝과도 같은 이야기입니다.

이야기는 쉽지만, 그 과정의 캐릭터를 연기한 배우들에게서 새롭고 역동적인 모습을 끌어내고, 그 결과로 관객이 즐거운 발견을 하는 영화가 되었으면 좋겠다고 생각했습니다.

장르적인 외피는 '액션'이지만, 주인공인 '수혁'의 죄책감과 돌이킬 수 없는 시간에 대한 후회. 남다른 개성과 매력을 가진 캐릭터들 간의 엇갈림과 충돌이 주는 긴장감과 웃음을 즐기실 수 있다면 좋겠습니다.

감독 정우성

(KZ0 5022010.)-6

BEYOND THE LIMITS
SNIB

1. 프롤로그 - 오후

흙먼지가 바람에 날리는 나대지.

넓은 나대지 주변에 경계를 가르듯 낮은 철망이

듬성듬성 멀리 간헐적으로 둘러쳐져 있다.

철망에 매달려 찢어진 상태로 나부끼는 내용을 알 수 없는 현수막.

저 멀리 공터 한복판에 세워져 있는 자동차.

오래된 연식의 자동차는 주인이 없는 듯 바람에 날리는

흙먼지를 받으며 황량하게 세워져 있다.

[터널]

바이크를 타고 달리는 누군가의 헬멧 위로 빠르게 스치는

터널을 비추는 조명 불빛들.

바이크는 어두운 터널을 지나 밝은 터널 밖으로 묻히듯 사라진다.

위 두 상황이 교차되어 보여지고.

미술 컨셉 아트 자료 - 교도소 뒤 벌판

미술 컨셉 아트 자료 - 재개발 교회 외부

실제 로케이션 헌팅 자료 - 재개발 교회

실제 로케이션 헌팅 자료 - 재개발 교회

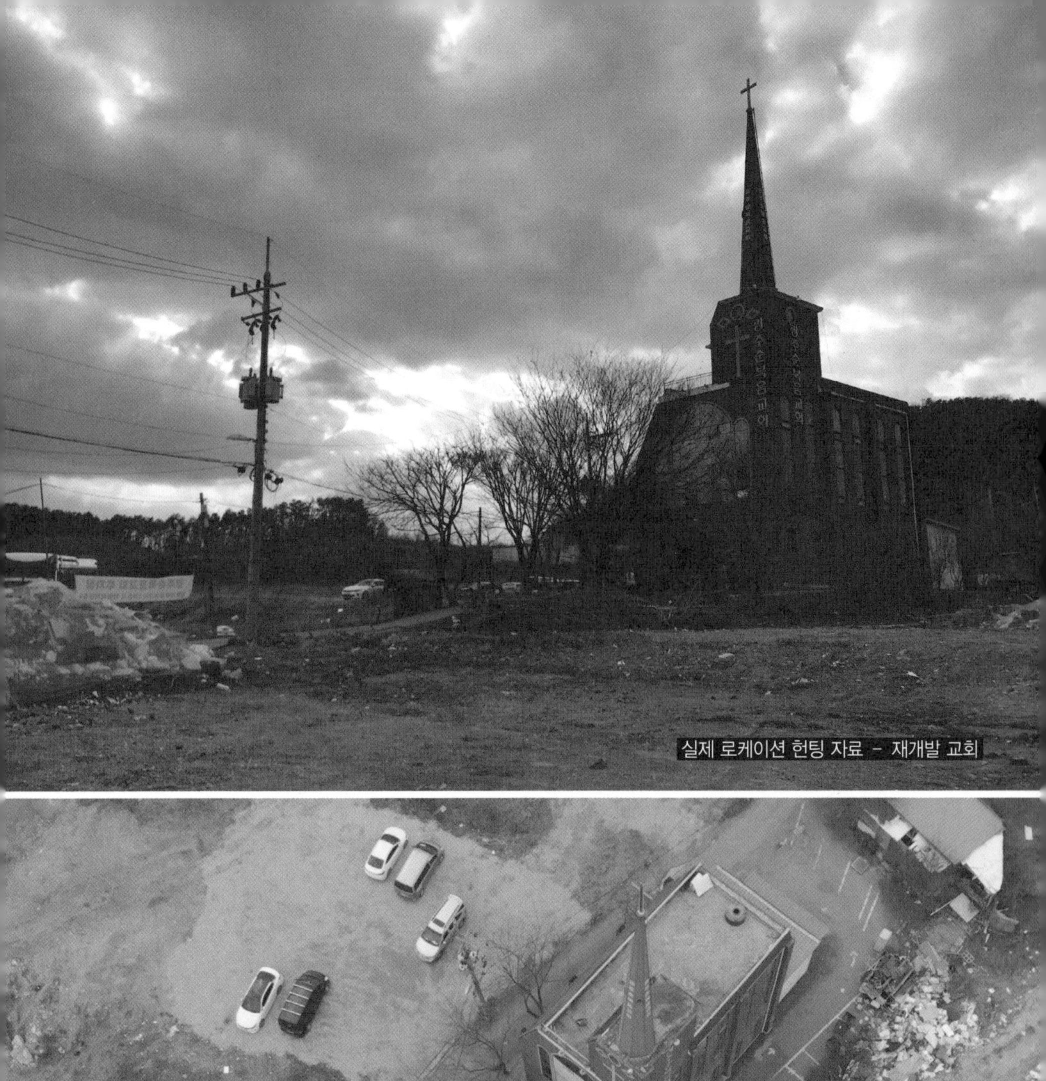

실제 로케이션 헌팅 자료 - 재개발 교회

실제 로케이션 헌팅 자료 - 재개발 교회 드론 이미지

실제 교회 내부 로케이션 이미지

실제 교회 내부 로케이션 이미지

실제 교회 내부 로케이션 이미지

실제 교회 내부 로케이션 이미지

2. 재개발 지역 교회 - 오후

앞 장면과 이어지듯 하얗게 밝아진 화면이 디졸브 되어 정상으로 돌아오면, 재개발 지역. 그 지역 가운데 덩그러니 놓인 교회가 보인다.

마당에 길게 누운 십자가 그림자 위로 들어서는 누군가의 다리.
멍하니 입을 벌리고 구부정한 자세로
교회의 십자가를 올려보며 등장하는 남자, 우진.

3. 교회 예배당 - 오후

예배당으로 들어서는 우진. 찬송가를 흥얼거리며 단상에 올라 예배당을 내려다보고는 작은 예배 종을 땡땡~ 울린다.

[신 목사 사무실]

데스크톱 화면에 온 신경을 쏟고 있던 목사.
땡땡 울리는 종소리에 눈동자가 화면 밖으로 빠진다.
컴퓨터 화면에 띄워진 창을 닫으며 밖으로 나서면,
닫히는 창에는 목사와 여신도들 사진. 책상 옆 한쪽에 놓인 모니터.
교회 내부를 비추는 CCTV 화면에 영상들이 1, 2, 3... 순차적으로 꺼지고,

[예배당]

단상의 구석 작은 방에서 신 목사(60세, 남)가 문을 열고 나온다.
우진을 발견하고 다가오는 목사.

신목사 어떻게 오셨습니까?

우 진 목사님이세요?

신목사 네.

우 진 여기 목사님이 좋은 일 많이 하신다고..
그래서 지나가다 들렀어요. 어떤 분이신가 해서.

신목사 아, 그러세요.

우 진 저.. 고해성사 좀 해도 될까요?

신목사 (의아한 표정) 고해성사는 성당에서 하셔야 합니다.
교회에선 그런 것 안 해요.

우 진 아, 제가 몰랐어요. 그럼 교회에선 뭐 해요?

신목사 (우진을 훑어보며) 믿는 분 아니신가요?

우 진 아주 오래전에 그랬는데.. 지금은 좀 멀어졌어요.

신목사 그러시군요.

우진의 행색을 빠르게 살피는데, 후줄근한 차림에 롤렉스 시계가 반짝인다.

신목사 저.. 잠깐 들어오세요.
제가 가톨릭 신부는 아니지만 그 고해성사 한번 들어봅시다.

우진을 안으로 들이는 신 목사. 신 목사를 바라보는 우진.

4. 교회 예배당 - 오후

예배당 안으로 들어서는 누군가의 발.

우진(음성) 어렸을 때.. 멀리서 보기만 해도 오줌을 지릴 정도로 무서운 애들이 있었어요.

5. 교회 목사 사무실, 예배당 - 오후

[신 목사 사무실]

신 목사 앞에서 덤덤하게 이야기를 꺼내는 우진.

우 진 매일 도망 다녔는데.. 귀신같이 날 찾아내곤 했어요. 정말 개 같은 새끼들이었죠.

신 목사 음.. 학원폭력 심각하죠. 애들 머릿속에 똥이 찬 것도 아니고. 시대가 바뀌어도 변하질 않아요, 폭력의 대물림이랄까. 다 잡아다 기도회를 열어서 그 애들 머릿속에 박혀 있는 귀신들을 뽑아내야 합니다.

우 진 네, 그래서 기도를 했어요. 저 새끼들 제발 사라지게 해주세요. 저 새끼들 제발 지옥에 가게 해주세요.

[예배당]

일정한 간격으로 단상 위에 놓이는
액체가 가득한 페트병들.

[신 목사 사무실]

우진의 말을 유심히 듣는 신 목사.

우 진 그러니까 정말 그 새끼들이 어느 날부터 안 보이더라고요.

신 목사 (나지막이) 오.. 할렐루야.

우 진 그래서 한동안 교회를 정말 열심히 다녔어요.
그때 목사님이 그러셨거든요.
교회를 나오지 않으면 지옥에 간다고.

[예배당]

몸을 일으키다 페트병 하나가 건드려져 넘어지고,
그것을 차분히 바로 세우는 손.
뚜껑에서 새어 나온 액체가 졸졸 흐르다
바닥에 비친 햇빛에 순식간에 증발한다.
나란히 정렬한 페트병 가운데 커피 텀블러가 놓인다.

신 목사(음성) 믿음은 진리입니다.

우진(음성)　　네, 그땐 그렇게 생각했던 것 같아요.

[신 목사 사무실]

신 목사의 두 눈을 똑바로 응시하는 우진.

우 진　　지옥에 가면 그 새끼들이 살 텐데..
　　지옥에 가면 그 새끼들 또 만날 텐데..
신 목사　　가시면 안 됩니다, 지옥. 우리 목회에서 다시 믿음의 길로 가기 위해
　　헌금도 잘 하시고 기도 열심히 하면
　　이 목사가 예수님의 보호 품으로 안내할 겁니다.
　　천국 가셔야죠?

서로를 간절한 눈빛으로 바라보는 두 사람.

우 진　　감사합니다, 목사님.
　　목사님! 목사님의 신은 어디에 계시나요?
신 목사　　(당황하며) 네?
우 진　　지옥은.. 어떤 곳인가요? 목사님!

우진의 말이 끝나기가 무섭게, 문 두드리는 소리와 함께 밖에서 들려오는 소리.

진아(소리)　끝났어, 나와.

누군가 싶어 시선이 빠르게 닫힌 문으로 향하는 신 목사.

우진 지옥은 매일 불타고 있다면서요?

'뭐?' 하는 표정으로 우진에게 다시 시선을 돌리는 신 목사.
순간, 신 목사의 면상을 주먹으로 날리는 우진.

6. 교회 앞마당, 예배당 - 오후

[앞마당]

교회에서 나오며 주머니에서 작은 리모컨을 꺼내 드는 진아.
늘씬한 키에 하얀 피부, 긴 머리가 출렁이는 것이 매력적이다.
리모컨에 전원을 켜면 파란 불이 들어오고,
뒤로 교회에서 급하게 나오는 우진이 보인다.
우진이 어느 정도 이쪽으로 다가올 때,
스위치를 누르며 교회 쪽을 돌아보는 진아.

[예배당]

불꽃을 뿜으며 폭발하는 텀블러.
불길이 옮겨붙은 페트병에서 순식간에 폭발이 연달아 일어난다.

[앞마당]

내부에서 일어난 폭발이 외부 공기를 흡입하고 불길이 솟구친다.

진아 쪽으로 걸어오던 우진. 폭발에 화들짝 놀라며 성큼성큼 다가오고.

진아 놀라기는 귀엽게..

우진 (기괴한 미소가 엷게 만들어진다) 무섭잖아..

바이크에 올라 교회 앞에서 빠져나가는 진아와 우진.

불길이 타오르는 교회.

GL
XKITH
2018

S# 6	재개발 교회, 예배당 / 앞마당	2020.03.19 17:47	D	CUT
	폭파 리모컨을 꺼내어 누르는 진아, 뒤늦게 진아를 쫓아 나오던 우진이 폭발에 깜짝 놀란다. 바이크 타고 떠나는 두 사람.		O/L	11

1

[예배당]

교회 문을 향해 가는 진아.

문을 향해 가는 진아 뒷모습 -> TRACK IN ->

문을 열고 뒤돌아본다.

-> 돌아보는 진아 -> TRACK IN ->

예배당을 바라보는 진아.

-> 진아 B.S까지 / 나가는 것 까지

2

[앞마당]

교회에서 나오며 주머니에서 작은 리모컨을
꺼내드는 **진아.** 늘씬한 키에 하얀 피부.
긴 머리가 출렁이는 것이 매력적이다.

문 열고 나오는 진아 정면 F.S -> TRACK OUT ->

리모컨을 보는 진아,
교회에서 급하게 나오는 우진이 뒤로 보인다.

_-> 진아 걸고 교회 T.F.S 까지_

S# 6	재개발 교회, 예배당 / 앞마당	2020.03.19 17:47	D	CUT
	폭파 리모컨을 꺼내어 누르는 진아. 뒤늦게 진아를 쫓아 나오던 우진이 폭발에 깜짝 놀란다. 바이크 타고 떠나는 두 사람		L	11

3

리모컨 [READY] 버튼을 누르는 진아.

리모컨 타이트

4

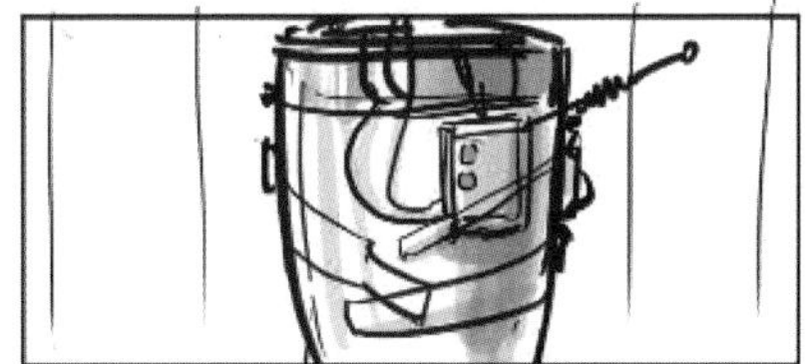

파란 불이 들어오는 텀블러.

불 켜지는 텀블러 타이트

5

나란히 세워진 페트병들 사이에 놓인 텀블러.

페트병&텀블러 F.S

6

바이크 쪽으로 걸어가는 진아.

걸어가는 진아 뒷모습 FOLLOW ->

교회 쪽을 돌아보고는 리모컨 스위치를 누른다.

-> 돌아보는 진아 정면 M.S 까지

S# 6	재개발 교회, 예배당 / 앞마당	2020.03.19 17:47	D	CUT
	폭파 리모컨을 꺼내어 누르는 진아, 뒤늦게 진아를 쫓아 나오던 우진이 폭발에 깜짝 놀란다. 바이크 타고 떠나는 두 사람		L	11

7

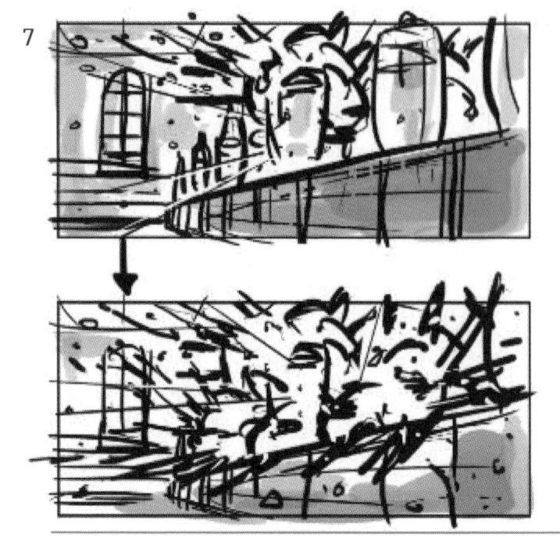

[예배당]

텀블러 불빛이 빨간색으로 바뀌고
순식간에 불꽃을 뿜으며 폭발하는 텀블러.

페트병 & 텀블러 정측면 F.S -> 텀블러부터 폭발 ->

텀블러에서 불길이 옮겨 붙은 페트병에서
연달아 폭발이 일어난다.

-> 불이 페트병에 옮겨 붙어 다 같이 터지는 것 까지

8

[앞마당]

내부에서 일어난 폭발이 외부 공기를 흡입하고
불길이 솟구친다. 진아 쪽으로 걸어오던 우진.
폭발에 화들짝 놀라며 성큼성큼 다가오고,

진아 OS 우진 (교회) F.S

9

진 아　놀라기는 귀엽게…
우 진　(기괴한 미소가 엷게) 무섭잖아…

무심히 불길을 바라보는 진아와
놀란 우진의 얼굴.

우진 프레임 인 -> 우진 OS 진아 W.S ->
뒤돌아 선다 ->

뒤돌아 우진과 함께 불타는 교회를 배경으로
셀카 찍는 진아.

-> 우진&진아 OS 진아 휴대폰 위주 까지

S# 6	재개발 교회, 예배당 / 앞마당	2020.03.19 17:47	D	CUT
	폭파 리모컨을 꺼내어 누르는 진아, 뒤늦게 진아를 쫓아 나오던 우진이 폭발에 깜짝 놀란다. 바이크 타고 떠나는 두 사람		L	11

10

무심히 바이크로 향하는 진아와 뒤따르는 우진.
바이크에 올라타는 두 사람.

-> 진아 & 우진 뒷부 OS 바이크 까지

11

불타는 교회를 뒤로 하고
자리를 뜨는 진아와 우진.

진아 & 우진 정면 걸고 불타는 교회 F.S

보호자

Jan 30, 2020 12:20:41 PM

ARRI Alexa SXT | (

Ze

Gate 3.4K | 1.55:1 **25mm** TILT 2° | NE 63°

eeds | H: 58.9° V: 39.9° D: 67.8°

디지털 뷰파인더 아르테미스 이미지

7. 교도소 복도, 물품 보관실 - 오전

높은 창에서 쏟아져 내려오는 햇살이 교도소 복도를 비춘다.

교도관 뒤를 따라 걷는 남자.

[교도소 내 물품 보관실]

출소자 서너 명이 물품을 받아 확인 중이고,

보관되어 있던 자신의 물품 받아 확인하는 수혁.

멈춰진 시계, 뭔지 모를 작은 케이스.

케이스를 동여맨 줄을 풀어 안을 확인하는 남자의 손.

남자의 사물함 위로 봉투 하나가 놓인다.

봉투를 열어 보면 차키와 어떤 위치가 그려진 종이 한 장.

미술 컨셉 아트 자료 – 교도소 담 옆길

보호자
Jan 30, 2020 11:52:21 AM

ARRI Alexa SXT | Open Gate 3.4K | 1.55:1
Zeiss Super Speeds | H: 44° V: 29.1° D: 51.3°
35mm
TILT 7° | NW 325°

보호자
Jan 30, 2020 12:57:55 PM

ARRI Alexa SXT | Open Gate 3.4K | 1.55:1
Zeiss Super Speeds | H: 58.9° V: 39.9° D: 67.8°
25mm
TILT 5° | NE 47°

보호자
Feb 4, 2020 10:44:01 AM

ARRI Alexa SXT | Open Gate 3.4K | 1.55:1 **35mm** TILT -5° | W 256°
Zeiss Super Speeds | H: 44° V: 29.1° D: 51.3°

실제 로케이션 헌팅 자료 - 교도소 뒤 벌판

8. 교도소 정문, 어느 벌판 - 오전

쾅~ 교도소 문이 열린다. 한산한 교도소 앞으로 나서는 남자.
교도소 담벼락 밖으로 둘러쳐진 철조망을 끼고 걷고 있는 남자.
한 손에는 자신의 소지품이 담긴 종이 쇼핑백을 말아 쥐고,
다른 한 손에는 약도가 쥐어져 있다.

길게 드리워진 교도소 담장으로 빛과 그림자의 경계가
명확하게 나뉘어 있고, 담장이 끝나는 지점.
몇 발자국 걸어 나오는 남자의 얼굴이 강한 햇살에
그대로 노출된다. 수혁이다.

[어느 벌판]

고도소와 떨어진 어느 벌판과도 같은 나대지.

수혁이 나대지를 가르는 철망 앞으로 다가서고,

그의 시야에 들어오는 벌판 한가운데 주차된 구형 차 한 대.

시선을 돌려 주변을 살피면 저 멀리 시커먼 SUV 한 대가 보인다.

실제 로케이션 헌팅 자료 – 교도소 뒤 벌판

벌판 한쪽 검은색 SUV에 앉아, 수혁 쪽을 내려다보고 있는 남자.
길게 찢어진 눈을 가진 게르(몽골인, 남).
독특한 소리의 흐미(몽골 전통음악)를 흥얼거리고 있다.
멀리 차로 다가가는 수혁의 모습이 보이고.

차 앞 유리 와이퍼 사이에 꽂혀 있는 'KAISER' 로고의 명함 한 장.
차로 다가선 수혁, 명함을 빼들어 잠시 보고 뒤쪽으로 가 트렁크를 연다.
잡동사니 틈에 보스턴백이 하나 보인다.
백을 열어 안에 있는 재킷을 꺼내 입는 수혁. 오래되고 낡은 느낌.
손에 들려 있던 종이백을 뒤집어 반지 케이스를 꺼내
재킷 주머니에 넣는 수혁.
주머니에서 손을 빼면 구겨진 담뱃갑이 나온다.
담뱃갑 안에는 부러진 담배 한 개비와 라이터가 들어 있다.
담뱃갑을 구겨 트렁크 안에 던지고 문을 닫는 수혁.

차에 올라 시동을 걸면 콰르릉~ 거칠고 요란한 엔진 소음.
수혁의 시선이 향하는 쪽 멀리,
SUV가 아직 그 자리에서 이쪽을 바라보듯 서 있다.
잠시 그 차를 바라보다 명함을 올려보는 수혁.
미세하게 진동하는 수혁의 눈빛이 룸미러를 통해 보이고,
카오디오 플레이 버튼을 누르는 수혁의 손.
음악이 흘러나와 화면 위로 채워지고, 그 위로 크레딧이 시작된다.

차를 출발시키는 수혁. 거친 숨을 토해내듯 달려나가는 수혁의 차.

벌판에 먼지를 일으키며 달리는 차와 수혁의 얼굴 사이사이로 크레딧이 이어지고.

도로 방향으로 사라지는 수혁의 차를 물끄러미 바라보는 게르.

게르 (운전석의 어깨에게) 가자.(몽골어)

출발하는 SUV.

자
피지
건너자
철도건널목 일단정지

실제 로케이션 헌팅 자료 - 철길 건널목

9. 도로 / 철길 건널목 / 카이저호텔 - 오전

'딸랑, 딸랑, 딸랑,' 울리는 철길 신호음과 함께 내려가고 있는 차단기.
그 앞에 서서히 속도를 줄이며 멈춰 서는 SUV.
동시에 화면을 덮은 음악이 멈추고 크레딧이 끝난다.
블루투스 이어셋으로 통화를 하고 있는 게르.

게르　　잘 전달했습니다.(몽골어)

[도로, 호텔, 철길 교차]

가운을 입고, 창밖을 바라보는 응국.
통화를 하며 한 손에는 시가를 들고 있다.

응국　　그래, 어느 쪽으로 갔나?

게르의 손에 들린 휴대폰을 보면, 액정에 표시된 지도에 반짝이는 불빛.
게르가 시선을 앞으로 옮기면, 철길 건너 맞은편에서
이쪽을 향하고 다가와 서는 수혁의 차.

게르　　가다가.. 돌아서 저를 살피고 있는 것 같습니다.(몽골어)

시가를 길게 빨아들이며 눈이 얇아지는 응국.
차단기 너머에서 게르의 차를 정면으로 응시하고 있는 수혁의 차.

차 안에서 계속 흐르고 있던 음악을 끄는 수혁.

건너편, 검게 선팅된 게르의 SUV 내부는 잘 보이지 않는다.

철길을 사이에 두고 서로를 바라보고 있는 수혁과 게르.

열차가 빠르게 지나가면 커다란 소음과 진동이 화면을 채운다.

지나가는 열차에 반사된 강한 햇살이 수혁의 얼굴에 빠르게 스치고.

시가 연기를 내뿜는 응국의 얼굴이 혼란스럽게 번쩍인다.

응국 돌아와라.

게르(음성) 네.(몽골어)

열차가 멀리 사라지고 건널목 차단기가 천천히 위로 올라간다.

수혁의 차는 그대로 서 있고, 건널목을 건너는 게르의 SUV.

건널목을 지나 수혁의 차를 스쳐 멀어지는 SUV.

이를 바라보는 수혁.

S# 9	철길 건널목 / 카이저 호텔, 펜트 하우스	2020.03.20 09:16	D	CUT
	철길 건널목에 멈춰 서는 수혁 차와 게르 차. 응국에게 상황을 보고하는 게르. 그냥 돌아오라 명령하는 응국. 수혁 옆을 스쳐 지나가는 게르 차.		L	24

1

파란 불에서 빨간 불로 바뀌는 신호등.

신호등 타이트

2

'딸랑, 딸랑, 딸랑,' 울리는 철길 신호음과 함께 내려가고 있는 차단기.

카메라 철길 중앙 / 내려가는 양쪽 차단기 F.S

3

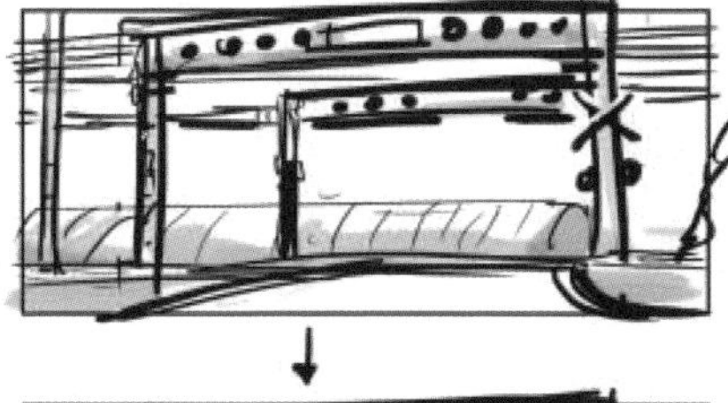

차단기가 내려가고

철길 건널목 F.S ->

↓

서서히 속도를 줄이며 차단기 앞에 멈춰서는 게르 SUV.

-> 게르 SUV 뒷부 프레임 인 까지

4

철길 건널목 앞에 서있는 게르 SUV.

차단봉 걸고 게르 SUV 정면 F.S

S# 9	철길 건널목 / 카이저 호텔, 펜트 하우스	2020.03.20 09:16	D	CUT
	철길 건널목에 멈춰 서는 수혁 차와 게르 차, 응국에게 상황을 보고하는 게르. 그냥 돌아오라 명령하는 응국. 수혁 옆을 스쳐 지나가는 게르 차.		L	24

5

블루투스로 통화하고 있는 게르.

게 르　　　잘 전달했습니다. (몽골어)
응국(음성)　그래, 어느 쪽으로 갔나?

위치추적 앱을 보며 수혁의 위치를 확인하는 게르. 시선을 앞으로 옮기면,

게르 측면 M.S

6

철길 건널목 너머 수혁의 차가 차단봉 앞에 멈춰서는 것이 보인다.

게 르　　가다가.. 돌아서 저를 살피고 있는 것 같습니다. (몽골어)

게르 POV / 차단봉 걸고 수혁 차 정면 / 수혁 차 프레임 인 부터

7

철길을 사이에 두고 서로를 바라보는 수혁과 게르. 검게 썬팅 된 게르의 SUV. 내부는 잘 보이지 않는다.

수혁 차 뒷부 OS 게르 SUV F.S / 수혁 차 멈춰서는 것 부터

8

동동동~ 엔진 소리를 내며 서있는 두 차량.

게르 SUV 뒷부 OS 수혁 차 F.S

9

정면에 서있는 게르 SUV를 바라보고 있는 수혁.

수혁 정면 단독 M.S

S# 9	철길 건널목 / 카이저 호텔, 펜트 하우스	2020.03.20 09:16	D	CUT
	철길 건널목에 멈춰 서는 수혁 차와 게르 차. 응국에게 상황을 보고하는 게르. 그냥 돌아오라 명령하는 응국. 수혁 옆을 스쳐 지나가는 게르 차.		L	24

10

수혁을 바라보고 있는 게르.

게르 정면 단독 M.S

11

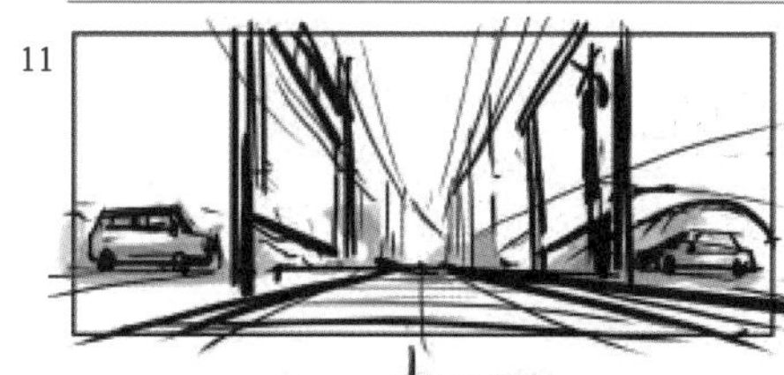

철길을 가운데 두고 대치하는 수혁 차와 게르 SUV.
멀리서 열차가 다가오고..

LOW / 수혁차 & 게르차 측면 F.S ->

수혁 차와 게르 SUV 사이를 빠른 속도로 지나가는 열차.

-> 열차 정면이 카메라 최단거리에 오는 것 까지

12

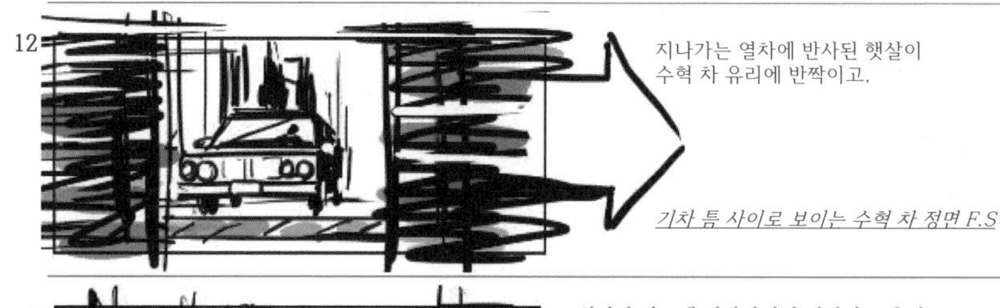

지나가는 열차에 반사된 햇살이
수혁 차 유리에 반짝이고,

기차 틈 사이로 보이는 수혁 차 정면 F.S

13

열차가 빠르게 지나가면서 커다란 소음과
진동이 화면을 채운다.

기차 틈 사이로 보이는 게르 SUV 정면 F.S

S# 9	철길 건널목 / 카이저 호텔, 펜트 하우스	2020.03.20 09:17	D	CUT
	철길 건널목에 멈춰 서는 수혁 차와 게르 차, 응국에게 상황을 보고하는 게르. 그냥 돌아오라 명령하는 응국. 수혁 옆을 스쳐 지나가는 게르 차.		L/O	24

14

날카로운 눈빛의 수혁.

수혁 정면 타이트 /
<수혁 얼굴에 비추는 반사된 햇살 CG>

15

지나가는 열차 사이,
게르 SUV를 바라보고 있는 수혁.

수혁 OS 흐르는 기차 / FOCUS 기차 ->

수혁 차 앞 유리창에 응국의 얼굴이
서서히 디졸브 된다.

-> FOCUS 차 앞 유리로 이동 -> <디졸브> ->
-> 펜트하우스 유리에 비친 응국 얼굴 ->

16

[호텔 펜트하우스]

수혁 차 유리창에 디졸브 된 응국의 얼굴이
서서히 짙어지며 펜트하우스에서 시가를 피우고 있는
응국의 모습으로 화면 넘어간다.

-> <디졸브> 응국 뒷모습 OS 창에 비친 얼굴 ->
반원 TRACKING ->

시가 연기를 내뿜는 응국의 얼굴이
혼란스럽게 번쩍인다.

-> 응국 측면 C.U 까지 반원 TRACKING

S# 9	철길 건널목 / 카이저 호텔, 펜트 하우스	2020.03.20 09:17	D	CUT
	철길 건널목에 멈춰 서는 수혁 차와 게르 차. 응국에게 상황을 보고하는 게르. 그냥 돌아오라 명령하는 응국. 수혁 옆을 스쳐 지나가는 게르 차.		L/O	24

17

지나가는 열차에 반사된 햇살이
수혁의 얼굴에 빠르게 스치고,

수혁 정면 타이트 /
<수혁 얼굴에 비추는 반사된 햇살 CG>

18

시가 연기를 내뿜은 응국. 돌아서며

응국 뒷모습 OS 창에 비친 얼굴 ->

응 국 돌아와라.

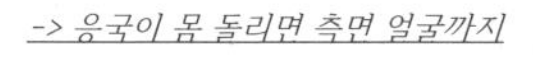

-> 응국이 몸 돌리면 측면 얼굴까지

19

응국의 명령을 듣고 전활 끊는 게르.

게르(음성) 네. (몽골어)

게르 측면 B.S

20

게르를 바라보고 있는 수혁.

수혁 측면 B.S / 빛 반사가 멈춘다.

S# 9	철길 건널목 / 카이저 호텔, 펜트 하우스	2020.03.20 09:17	D	CUT
	철길 건널목에 멈춰 서는 수혁 차와 게르 차, 응국에게 상황을 보고하는 게르. 그냥 돌아오라 명령하는 응국. 수혁 옆을 스쳐 지나가는 게르 차.		L	24

21

카메라 너머로 열차가 사라지고

LOW / 기차가 카메라를 너머 사라지면 ->

건널목 차단기가 천천히 위로 올라간다.

-> 수혁 차&게르 SUV 측면 F.S 까지
(차단기 올라가고 게르 SUV 움직이는 것 까지)

22

수혁 차는 그대로 서있고,
건널목을 건너는 게르의 SUV.

카메라 게르 SUV 안 / 게르 POV /
수혁 차 F.S -> PAN ->

좌팬

게르의 SUV가 건널목을 지나 수혁 차를
스쳐가며 앞쪽으로 멀어지고..

-> 수혁 차 측면 스쳐 지나가는 것 까지

S# 9	철길 건널목 / 카이저 호텔, 펜트 하우스	2020.03.20 09:17	D	CUT
	철길 건널목에 멈춰 서는 수혁 차와 게르 차, 응국에게 상황을 보고하는 게르. 그냥 돌아오라 명령하는 응국. 수혁 옆을 스쳐 지나가는 게르 차.		L	24

23

수혁을 스쳐 지나가는 게르 SUV.

움직이는 게르 SUV FOLLOW PAN ->

미동없이 앞만 보고 있는 수혁.

-> 수혁 측면 C.U 까지 PAN

24

게르 SUV가 지나간 후, 움직이는 수혁 차.

수혁 차 정면 -> 프레임 아웃까지

미술 컨셉 아트 자료 - 호텔 외부

미술 컨셉 아트 자료 – 호텔 펜트하우스

실제 로케이션 헌팅 자료 - 호텔 외관

미술 컨셉 아트 자료 - 호텔 로비

10. 카이저호텔, 펜트하우스 - 오전

시가를 물고 연기를 뿜는 응국.

데스크에 놓인 피젯 큐브를 들고 째깍째깍~ 바쁘게 손가락을 놀린다.

펜트하우스의 문이 열리고, 인사를 하며 들어오는 성준.

성준 좋은 밤 되셨습니까? 회장님.

응국 (고개 돌리며) 여긴 터가 좋은지 잠이 잘 와.

성준 (미소로 호응하며) 그럼 일과 시작하겠습니다.

응국 그래, 그러자.

가운 속 나이에 비해 탄탄한 응국의 몸이 느껴진다.

11. 한적한 곳, 도로 - 오전

한적한 어느 곳에 세워져 있는 수혁의 차.

수혁이 자동차 시가잭에 충전 라인을 연결한 오래된

자신의 휴대폰 파워를 켜본다.

연속적으로 들어오는 메시지들.

휴대폰 요금의 자동납부 내역 외에는 다른

어떤 메시지나 부재중 전화도 없다.

'민서'라고 표기된 예전 발신번호를 찾아 통화를 시도하는 수혁.

'없는 번호라 통화를 연결할 수 없으니 다시..' 전화를 끊는 수혁.

주머니에서 케이스를 꺼내 열어보면, 백금 링에
작은 다이아몬드가 박힌 반지가 보인다.
잠시 생각에 잠기는 수혁.
멀어지는 수혁의 차.

12. 카이저호텔, 펜트하우스 - 오후

[영상]

정면을 노려보는 늑대의 강렬한 이미지와
몽골의 광활한 벌판이 오버랩 된다.
거대한 날개를 펼치고 날아가는 독수리.
그 뒤로 말을 탄 사냥꾼들이 독수리의 뒤를 쫓는다.
늑대의 무리, 베르쿠치(독수리 사냥꾼), 몽골의 자연 이미지와 함께
'라이로크 리조트'의 모습이 떠오른다.

[펜트하우스, 다이닝룸]

식탁에 앉아 갈비탕으로 식사를 하며 맞은편 벽걸이 TV에서
나오는 '라이로크 리조트' 홍보 영상을 보고 있는 응국.
유니폼을 입은 남자(안마남)가 투명 비닐장갑을 끼고 응국 옆에서
큼직한 갈비에 붙은 살코기를 정갈하게 발라 접시에 놓아주고 있다.

성준　　(아이패드를 보며) 라이로크 리조트.

울란바토르 시내와 1시간대 접근성을 가진 오래된 리조트입니다.

중국, 러시아, 서유럽 등지에서 찾는 관광객 수요가 꾸준히

늘고 있고 달라는 기본, 위엔화, 러시아 루블, 유로까지

응국　　….

성준　　현금 회전과 세탁에 있어

응국　　….

성준　　확장성이 큰 곳으로 보입니다.

응국　　인수 진행해.

성준　　네.

응국　　(식사를 마치고 일어서며) 그동안 몽골 왔다 갔다 한 보람이 있네.

식사를 마친 응국이 자리에서 일어서고,

그때 엘리베이터 쪽에서 들어서는 게르.

응국　　(게르에게) 게르! 그렇지!

무표정으로 인사하는 게르.

응국　　(성준의 어깨를 툭툭~ 치며) 강 이사, 땀 좀 빼자.

성준　　(예의 바른 미소) 네.

[욕실 안 사우나 부스]

펜트하우스 욕실에 붙어 있는 작은 사우나실. 통유리로 된 스파룸.

안마남이 어느 틈엔가 스파룸 앞에 정자세로 타월을 들고 서 있다.
스파룸 안의 응국이 뜨거운 돌에 물을 뿌리자 허연 스팀이 가득 올라온다.
열기가 차오르자 깊게 심호흡을 하는 응국.
상의만 탈의하고 앉아 있는 성준.
성준의 등짝에 새겨진 커다란 도깨비 문신과
미간을 찡그리는 성준의 얼굴이 묘하게 닮아 있다.

응국 수혁이.. 오늘 나오는 거.. 알았지?

성준의 표정.

13. 신도시 도로 - 오후

블록으로 이어진 아파트 단지가 빼곡한 신도시 풍경.
중앙 도로를 따라가다 보면 수혁의 차가 화면으로 들어온다.
군데군데 공사가 한창인 현장이 삭막하게 펼쳐져 있고.

웅국(음성) 시간 참 빠르지.. 10여 년이 금방 가버렸어..

아파트 블록을 몇 개 지나면 구도심으로 들어서고.

웅국(음성) 차라리 안 나왔으면 좋았을까.. 싶은데.

미술 컨셉 아트 자료 - 신도시 도로

14. 카이저호텔 펜트하우스, 사우나 부스 - 오후

땀방울이 성준의 미간을 타고 흘러내린다.

성준	어떻게.. 정리할까요?
응국	뭘? 수혁이를? (피식 새어 나오는 웃음) 강 이사가?
성준	....
응국	아침에 게르 통해서 인사 전했다.
성준	무슨 인사를?
응국	(웃으며) 인사가 인사지 무슨 인사가 어디 있겠어.
성준	그럼, 그냥 두면 되겠습니까?

잔뜩 상기된 성준의 얼굴을 보다,

응국	강 이사.
성준	네?
응국	자꾸 나한테 되묻지 마. 강 이사는 대답을 해야지. 맞지??
성준	네..
응국	우리는 10년 전 우리가 아닌데.. 지금 수혁이는 어떨까 싶다. 그동안 우리 강 이사가 고생도 참 많이 했는데.. 우리 기업이잖아.
성준	네, 맞습니다. 회장님.

다시 한번 사방에 물을 뿌리는 응국.
허연 스팀이 성준의 얼굴을 가린다.

S# 13	신도시 도로 (수혁 차)	2020.03.20 10:38	D	CUT
	높은 건물의 신도시. 아파트 숲을 바라보며 속도 줄이는 수혁의 차		L	2

1

응 국(음성)　　시간 참 빠르지..

터널을 달리는 차 시점 -> CAMERA IN ->

응 국(음성)　　10여년이 금방 가버렸어..

-> 수혁 차 뒷부 프레임 인 ->

달리는 수혁 차.
터널을 빠져나가 멀어진다.

-> 터널을 나와 수혁 차 멀어지는 것 까지

2

아파트 단지가 빼곡한 신도시의 풍경.
중앙 도로를 따라가다 보면 수혁의 차가
화면으로 들어온다.

응국(음성)　　차라리 안 나왔으면 좋았을까..
　　　　　　　싶은데.

드론 / 직부감 / 수혁 차 FOLLOW

S# 14	카이저 호텔, 스파룸 / 구도시 도로	2020.03.20 10:39	D	CUT
	수혁에게 인사 전했다는 응국의 말에 상기 된 얼굴되는 성준. 구도시를 달리는 수혁.		S	18

1

알 수 없는 응국의 표정.

응국 측면 C.U -> 옆자리 성준으로 PAN ->

땀방울이 성준의 미간을 타고 흘러내린다.

성 준　　어떻게.. 정리 할까요?

-> 응국 측면 OS 성준 정면까지 PAN

2

응 국　　뭘? 수혁이를?

성준 OS 응국 T.B.S ->

응 국　　(피식 새어나오는 웃음) 강이사가?

-> 성준에게 고개 돌리면 -> FOCUS 성준으로 이동

성 준　　.....

-> 성준 고개 돌리는 것 까지

S# 14	카이저 호텔, 스파룸 / 구도시 도로	2020.03.20 10:39	D	CUT
	수혁에게 인사 전했다는 응국의 말에 상기 된 얼굴되는 성준. 구도시를 달리는 수혁.		L/S	18

3

구도심으로 들어서는 수혁의 차.

응 국(음성)　　아침에 게르 통해서
　　　　　　　인사 전했다.

수혁 차 측면 F.S / FOLLOW

4

성 준(음성)　　무슨 인사를?

_수혁 측면 M.S_

5

응 국　　(웃으며) 인사가 인사지
　　　　무슨 인사가 어디 있겠어.

_응국 정면 단독_

6

성 준　　그럼, 그냥 두면 되겠습니까?

응국 OS 성준 타이트

7

잔뜩 상기 된 성준의 얼굴을 노려보는 응국.

_응국 단독_

S# 14	카이저 호텔, 스파룸 / 구도시 도로	2020.03.20 10:39	D	CUT
	수혁에게 인사 전했다는 응국의 말에 상기 된 얼굴되는 성준. 구도시를 달리는 수혁.		S	18

8

응 국　　강이사.

성준 OS 응국 타이트

9

가볍게 성준의 뺨을 치는 응국.

성 준　　네?
응 국　　자꾸 나한테 되묻지 마.

응국 OS 성준 타이트

10

응 국　　강이사는 대답을 해야지. 맞지?
성 준　　네..

응국 & 성준 측면 2SHOT ->

뜨거운 돌 쪽으로 향하는 응국.

-> 응국 FOLLOW TRACK OUT ->
응국 프레임 아웃까지

11

응 국　　우리는 10년 전 우리가 아닌데...
　　　　지금 수혁이는 어떨까 싶다.

돌에 물 뿌리는 응국 뒷모습 K.S

S# 14	카이저 호텔, 스파룸 / 구도시 도로	2020.03.20 10:39	D	CUT
	수혁에게 인사 전했다는 응국의 말에 상기 된 얼굴되는 성준. 구도시를 달리는 수혁.		S	18

12

다시 한 번 물을 뿌리는 응국.

물 뿌려지는 돌 INS

13

응 국　　그동안 우리 강이사가
**　　　　고생도 참 많이 했는데.. 우리 기업이잖아.**
성 준　　네, 맞습니다. 회장님.

허연 스팀이 가득 올라온다.

응국 정면 OS 성준 앉은 F.S

14

응국을 바라보는 성준.

성준 단독 ->

스팀이 성준의 얼굴을 가린다.

-> 스팀에 얼굴 가려지는 것 까지

미술 컨셉 아트 자료 – 아파트 옥상

실제 로케이션 헌팅 자료 - 주공아파트

실제 로케이션 헌팅 자료 - 주공아파트

실제 로케이션 헌팅 자료 – 주공아파트

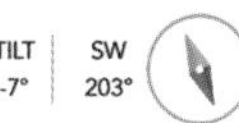

디지털 뷰파인더 아르테미스 이미지

수원 ○○ 아파트 확인사항

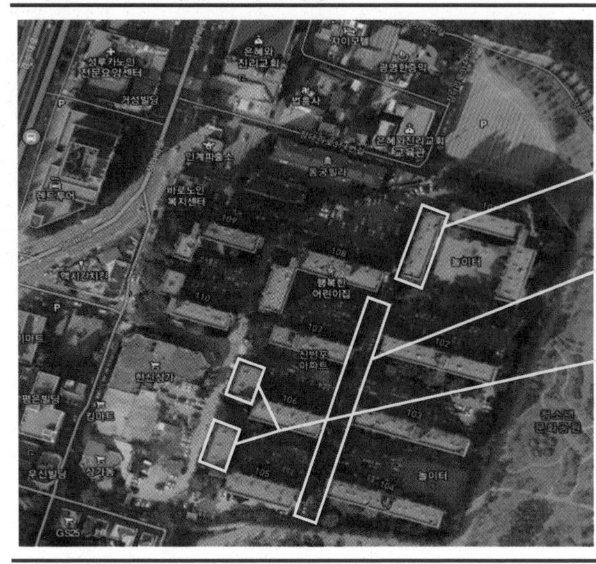

수원 ○○ 아파트 확인사항

TAKE

① 101동_1층 복도 높이 측정 (외부)

수원 ○○ 아파트 확인사항

TAKE

① 101동_1층 복도 높이 측정 (외부)

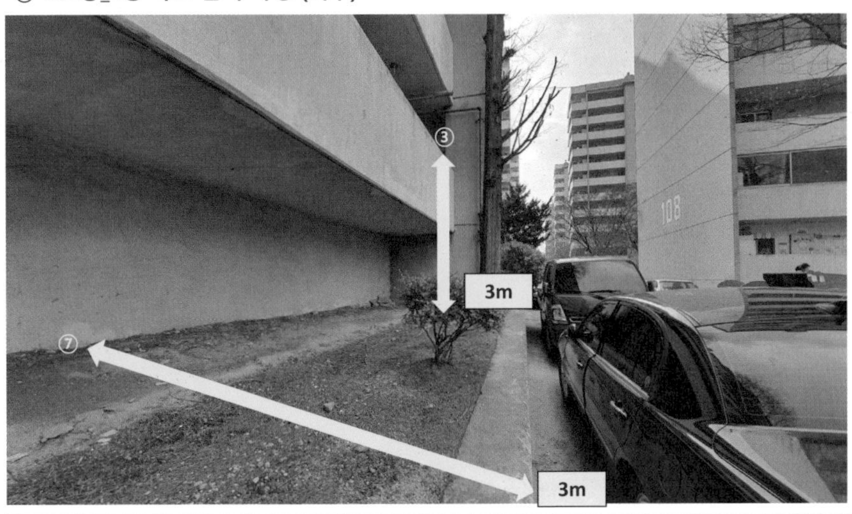

수원 ○○ 아파트 확인사항

TAKE

① 101동_1층 복도 높이 측정 (내부)

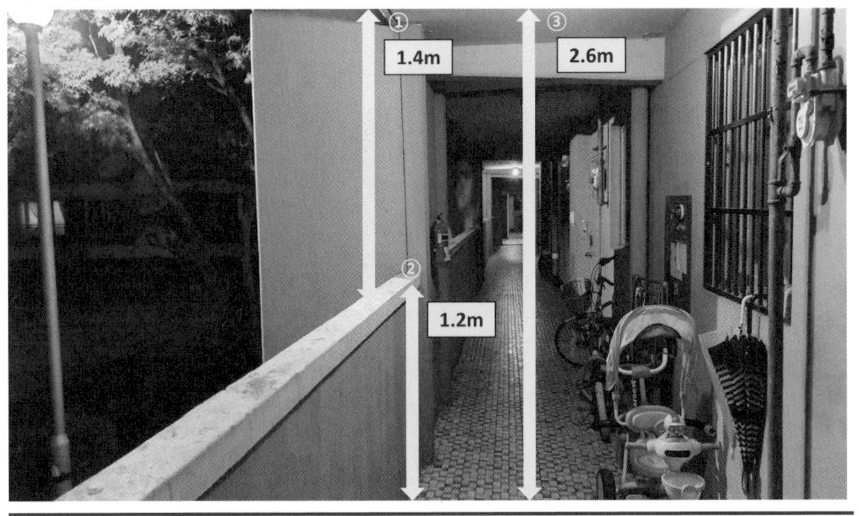

수원 ○○ 아파트 확인사항

TAKE

② 공중전화 부스 위치

수원 ○○ 아파트 확인사항

TAKE

③ 엘레베이터 사진

- 105동, 106동의 엘리베이터 위치가 콘티 반대
- 1층을 제외한 다른 층수의 엘리베이터 문색은 하늘색

< 영화 촬영 안내문 >

항상 가정에 건강과 행복이 가득하길 기원합니다.

지난 3월 2일~3일 양일간에 걸쳐 진행된 야간 촬영시,
주민여러분들께 불편을 끼쳐드린점 진심으로 죄송하게 생각합니다.

불편을 조금이나마 줄이기 위해 아래와 같이 촬영장소와 주차관련된 사항을
알려드리니 주민여러분의 양해와 협조 부탁드립니다.

- 아 래 -

1. 촬영일정 : 2020년 3월 5일(목)
2. 촬영시간 : 17:00 ~ 06:00
3. 촬영장소 : 수원 ○○ 아파트 101동 내, 외부 및 108동 앞

15. 주공아파트 107동, 주차장 - 오후

아파트 단지에 들어서는 수혁의 차.

16. 주공아파트 107동, 엘리베이터 안 / 복도 - 오후

엘리베이터 안에서 층수를 누르는 수혁의 손. 무표정한 수혁.

아파트 복도를 따라 걷고 있는 수혁.
저 앞쪽에서 문이 열리며 한 여자가 나와 문을 닫고
맞은편 비상계단 쪽으로 사라진다.
걸음을 멈추고 사라지는 여자의 뒷모습을 잠시 보는 수혁.

17. 주공아파트 107동, 비상계단 옥상 - 오후

여자를 쫓아 비상계단을 오르는 수혁.

비상계단을 가르는 철창 너머로 서서히 모습이 드러나는 여자.

허공에 시선을 던진 채 쌀쌀한 공기를 몸으로 안으며

멍하니 서 있는 여자.

그런 그녀를 조심스럽게 살피며 다가가는 수혁.

인기척을 느꼈는지 불현듯 이쪽을 돌아보는 여자.

타인의 침범을 피해 다시 내려가려는 듯 걸음을 옮기는 여자,

수혁 옆을 스쳐 지나간다. 그런 여자의 팔을 잡는 수혁.

순간 수혁의 팔을 강하게 뿌리치는 여자.

[Cut to]

고개를 푹 숙인 채 서 있는 수혁.

좀 전과는 사뭇 다른 침착한 모습의 민서.

수혁 미안해.

민서 ...뭐가 미안해? 왜?

수혁 갑자기 그렇게 떠나서.

어색한 침묵이 흐르고,

민서 ....

수혁　　미안해.

민서　　내가 여기... (덧없는 말 같다.)

수혁　　....

수혁, 민서와 눈을 마주치지 못한다.

민서　　사과하겠다고 결심한 게 언제야?

수혁　　그때부터 계속.

민서　　그 긴 시간 동안 그 안에서 그 생각만 했어?

수혁　　....

민서　　(씁쓸한 웃음) 멋지네. 쿨해.

수혁　　....

민서　　(수혁을 잠시 바라보다) 알았어. 난 아무렇지 않았으니까 이제 가봐.

민서, 매몰차게 말을 던지고 손에 들린 묵주 목걸이를
초조한 듯 만지작거리며 시선을 돌린다.
수혁, 주머니에서 반지 케이스를 꺼내 보고, 잠시 망설인다.

수혁　　..다시 올게. (무엇인가를 건네며)

수혁이 건넨 작게 접힌 메모지.
민서가 받아 펴 보면 수기로 적힌 전화번호.
어처구니없는 감정에 한숨 섞인 헛웃음이 새어 나오는 민서.
무거운 발걸음을 옮겨 민서를 스쳐 가는 수혁.

그런 수혁의 뒷모습을 잠시 보다,

민서　　잠깐만.

수혁　　....

민서　　따라와. 같이 갈 데가 있어.

수혁을 불러 세운 민서가 수혁 옆을 스쳐 지나
먼저 계단을 내려가고,
그런 민서를 보는 수혁.

18. 신도시 도로, 상업지구 - 오후

민서를 태운 수혁의 차가 도로를 달린다.
손에 든 묵주 목걸이 십자가를 만지작거리며
차창 밖으로 시선을 던진 채 조용히 앉아 있는 민서.
룸미러에 비친 수혁의 흔들리는 눈빛.
낯선 두 사람이 좁은 공간에 갇힌 듯, 어색한 침묵의
공기가 차 안을 무겁게 채운다.

19. 무용학원, 엘리베이터 안 - 오후

엘리베이터 안의 민서와 수혁. 담담한 얼굴로 서 있는 민서를
엘리베이터 한쪽에 붙은 거울로 조심스럽게 바라보는 수혁.

20. 무용학원, 내부 - 오후

거대한 거울이 벽면을 채운 무용 연습실.
여러 명의 학생들이 음악에 맞춰 같은 동작을 반복하고 있다.
선생님의 박자에 맞춰 우아한 자세를 취하는 학생들.
창문 너머로 들어서는 민서와 수혁. 잠시 안을 조용히 바라보던 민서.

민서 (혼잣말하듯) 내 우주야.

민서의 시선을 따라 여자아이 한 명, 한 명을 짚어 보는 수혁.
한 아이에게서 시선이 멈춘다.

민서 당신 딸.

무슨 말인지(?) 놀라 민서를 돌아보는 수혁.
차분히 말을 이어가는 민서.
유리에 비추는 민서의 얼굴에서 창 너머 현재의
인비 쪽으로 포커스 넘어가며,

민서 당신 떠나고 알았어. 배 속에 저 아이가 생겼다는 거.
혼자 별 생각을 다 했어. 많이 무섭기도 했고..
그런데 이제 모든 게 너무 고마워, 저 아이한테.
저 작은 아이가 날 어른으로 만들어줬어. 엄마로.

민서의 말이 이어지는 사이, 아기 시절 인비의 모습과
현재의 인비 모습이 교차된다.
처연한 모습으로 설명해주는 민서를 보다,
아이 쪽으로 서서히 시선을 돌리는 수혁.
수혁의 눈에 크게 들어오는 여자아이의 얼굴.

믿을 수 없는 감정을 억누르며 아이를 바라보는 수혁.
급격한 감정 변화에 몸이 반응한다.

수혁 (감정을 억누르며) 이름은..?
민서 인비.. 인비야.

화면 가득 맑은 표정으로 몸동작을 펼치는 인비. 너무 아름답다.
순간 거친 숨을 토해내며 도망치듯 학원을 빠져나가는 수혁.

21. 무용학원 복도 / 건물 앞 - 오후

건물 복도를 빠르게 걷는 수혁의 뒷모습.

건물 밖으로 튀어나오는 수혁.
출렁이는 감정이 무엇인지, 어떻게 조절해야 할지 모르겠다.
잠시 후, 건물에서 나온 민서가 천천히 수혁에게 다가온다.

민서 뭐야?

수혁, 민서를 보고 진정하려 하지만 잘 되지 않는다.

민서 헷갈리는 건 난데.. 왜 이래?

수혁, 앞에 마주한 민서를 안고 돌봐주지 못해서..
아이의 존재를 몰라서 미안하다고 울부짖고 싶지만
손은 쉽게 그녀의 어깨를 감싸 안지 못한다.
자신의 어깨를 감싸려 하는 수혁의 손을 피하듯
어깨를 뒤로 빼는 민서.

민서 정신 차려.
수혁 ....
민서 인비를 볼 때마다 당신 생각이 났어.
지우려고 하고 잊으려고 해도 소용이 없었어.

당신이 인비 아빠니까.

(나오는 한숨을 고르며) 근데 난 인비가 아빠라고 부르는 사람이 정말 평범하고 좋은 사람이면 좋겠어.

수혁 ....

단단한 표정으로 수혁을 바라보는 민서.

민서 당신이 그런 사람이라고 생각될 때, 그때 다시 찾아와.

수혁 ....

민서 정신 똑바로 차리고 잘 생각해.

수혁을 두고 다시 건물 안으로 향하는 민서.

그녀의 뒷모습을 망연자실 바라보는 수혁.

22. 도박장 밖 - 밤

자막 '10년 전'

차(S#8과 동일 차량)에 기대어 담배를 피우고 있는 수혁.

휴대폰의 진동이 울리지만 받지 않는다.

진동이 멈춘 후에야 주머니에서 휴대폰을 꺼내 보는 수혁.

민서로부터 부재중 전화가 와 있다.

이내 무언가 결심한 듯 고개를 돌려 도박장 건물을 바라본다.

23. 도박장 안 - 밤

도박장 내부, 스포트라이트 아래 봉댄스를 추는 무희가 보인다.
그녀 뒤로 펼쳐진 어스름한 도박장에는 여러 테이블에서
카드를 하는 사람들과 그들 주위를 배회하는 조직원들이 보인다.
도박장 내부가 전부 보이는 끝자리에 조직의 큰형님이
손님들과 술을 마시고 있다.

잠시 후, 도박장 내부 불이 하나둘씩 꺼지더니
어느새 캄캄하게 암전이 된다.
짜증 내는 사람들의 목소리가 이어지는 가운데,
플래시와 칼을 함께 쥐고 나타난 수혁이
조직원들을 무자비하게 공격하기 시작한다.
어둠 속에서 휘날리는 칼날에 조직원들은 모두 나가떨어지고 만다.
공격을 이어 가던 수혁이 큰형님 앞에 다다르자,
큰형님은 애원하듯 그에게 묻는다.

큰형님 수혁아.. 왜 그러냐 수혁아.
응국이가 시킨 거냐?

수 혁 끝이 보이질 않네요, 형님.

그대로 칼을 높이 들어 올려 큰형님 가슴 깊숙이 박아 넣는 수혁.
신음하는 큰형님을 뒤로하고 돌아 나가는 수혁.
멀리서 경찰 사이렌 소리가 들려오기 시작한다.

24. 어느 한적한 곳 - 오후

달리는 수혁의 차. 콘솔박스에 놓인 'KAISER' 로고의 명함.

운전석 수혁의 얼굴이 화면을 빠져나가면,

빠르게 스치는 도로 위로 떠오르는 타이틀.

보 호 자

25. 카이저호텔, 로비 - 오후

호텔 외부 출입구에 수혁의 차가 들어와 멈추고,
수혁이 내려 호텔 안으로 들어간다.

호텔 로비로 들어서는 수혁. 보안팀장이 수혁을 막아서며,

보안팀장 어떻게 오셨습니까? 여기 아직 오픈 전입니다.

수혁이 카이저 로고가 박힌 명함을 보안팀장에게 건넨다.
명함을 받고 수혁의 얼굴을 보는 보안팀장. "잠시만요."

26. 카이저호텔, 사무실 - 오후

사무실 책상에 걸터앉아 낡은 산탄총을 애지중지 흐뭇한 표정으로
어루만지며 닦고 있는 성준. 책상 위 사무용 키폰이 갑자기 울리자
자신의 비밀을 들킨 듯 깜짝 놀라 전화를 받는다.

보안팀장(음성) 수혁이라는 분이 회장님 카드를 들고 왔습니다.

성준의 얼굴이 차가워진다.

성준 (잠시 침묵) ..일단 보안팀 애들 먼저 올리고.

보안팀장(음성)　네.

성준　손님은 그 후에 올려.

전화를 끊고 거울 앞에 서서 재킷을 입는 성준.

키폰으로 전화를 한다.

[펜트하우스]

엎드린 자세로 안마를 받고 있는 응국.

인터폰 소리에 안마남이 안마를 멈추고 전화기 쪽으로 가면,

몸을 돌려 눕는 응국. 얼굴엔 골드테라피 마스크가 씌워져 금색이다.

스피커폰을 통해 흘러나오는 성준의 음성.

성준(음성)　회장님, 손님 왔습니다.

눈을 감고 있던 응국이 눈을 뜬다.

[성준 사무실]

인터폰이 끊기고, 테이블에 놓인 산탄총을 원래 말려 있던 신문지로

다시 잘 감싸 가방에 고이 넣고 방을 나가는 성준.

27. 카이저호텔, 13층 복도 - 오후

13층에 도착하자 문이 열린다.

보안팀장이 내리고 그 뒤로 엘리베이터에서 내리는 수혁.

복도 양옆으로 도열한 보안팀이 위협적으로 보인다.

보안팀 뒤에서 들려오는 소리.

장식되어 있던 화병 안의 꽃을 집어 드는 성준,

물기를 탈탈 털어내며 다가온다.

성준 (수혁 앞으로 다가서 꽃을 건네며) 출소 축하드립니다, 형님.

수혁 ....

성준 시간이 금방 흘렀습니다, 형님.

수혁 형은?

성준 전화 좀 먼저 하고 오시지요, 형님. 우리 이제 기업입니다, 기업!

회장님을 만나려면 절차라는 게 있는데..

아, 이 형님. 제가 참 난감합니다.

들고 있던 꽃을 옆에 있는 보안팀장에게 건네며,

성준 야, 이거 갖다 다시 꽂아 놔라. 맘에 안 드시나 보다.

수혁 나 형 보러 왔다.

성준 형, 아니고 회장님! 우리 회장님이라고요!!

잠시 수혁과 성준 사이에 긴장이 흐르고..

그때 펜트하우스로 연결되는 복도 끝 작은 엘리베이터가 '띵!' 하고 열린다.
돌아보면 그 안에서 손짓을 하는 게르.

28. 카이저호텔, 펜트하우스 - 오후

응국의 손에서 빠르게 돌아가고 있는 피젯 큐브.
뒷모습으로 창밖을 내다보고 있던 응국.
뒤에서 들려오는 소리에 돌아본다.
펜트하우스 전용 엘리베이터에서 내리는 성준과 수혁.
게르도 엘리베이터에서 내려 바로 벽에 기대어 선다.
아까와는 다르게 잘 차려입은 응국이 수혁을 반기며 다가온다.

응국 고생 많았지. 마중 나갔어야 했는데..

수혁의 손을 잡아주며 "수고했다" 하고 소파로 이끌어 가는 응국.

응국 강 이사! 그거 좀 가져와. 그 10년 전에 담가둔 거.

성준은 술을 챙기러 가고,

응국 너 들어가고 난리도 아니었다.
성준이 저건 천방지축 날뛰고 아주..

수혁 ....

응국 그.. 너.. 그때 형님 일 보고 자수하러 가기 전날
그때 니가 어디서 뭐 했는지 내가 알 수가 없었어.. 들어볼 수 있나.

수혁 ..들어가기 전에 꼭 봐야 할 사람이 있어서 갔어요.

가만히 수혁의 눈을 들여다보는 응국.

응국 아, 그래..? (미소로) 누구였을까..?

수혁 ....

응국 그... 내가 형님 물건 중에..

수혁 ....

그때 성준이 술병을 들고 들어온다. "술, 오픈하겠습니다."

응국 (수혁에게) ..일단 저거나 한잔하자.

[Cut to]

테이블에 놓인 커다란 술병에 거대한 산삼과 뱀이 복잡하게 얽혀 있다.
작은 크리스털 병으로 옮긴 술을 잔에 따르는 안마남.

응국 큰형님 장례 치르고 산에 올라갔는데 뱀이 땅에
머리를 처박고 있더라고..
(술병을 보며) 저 삼 기운이 얼마나 쎘으면 저러고 죽었겠어..
뱀 새끼들이 지들 분수에 안 맞게 산삼 뿌리에 주둥이 처박은 거지..
이제 니가 나왔으니 마실 때가 된 것 같다.

술잔을 들고 수혁에게 건배를 권하는 응국. 잔을 부딪치고 원샷을 하고,

응국　　야, 맛이 근사하네.

술잔을 바라보기만 하는 수혁.

응국　　(수혁이 마시지 않는 것을 잠시 보다) 아침에 보낸 선물은 마음에 들지?

수혁　　네.

응국　　그럴 줄 알았다. 그 차 네가 얼마나 아꼈어...

잠시 둘 사이에 침묵이 흐르고,

자신의 빈 잔을 들고 일어나 창가 쪽으로 자리를 옮기는 응국.

응국　　(낮은 음성) 수혁아! 여기 근사하지..

지난 10년간 내가 흘린 피고름은 넌 상상도 못 할 거다.

악착같이 버티고 올라서서 이제 세상을 좀 내려다볼 수 있게 됐어.

수혁도 자리에서 일어나고, 응국이 돌아보면,

수혁　　앞으로 저.. 신경 쓰지 않으셔도 돼요, 형.

뭔 소리인가 싶어 표정이 바뀌는 응국.

조용히 보고 있던 성준이 수혁의 곁으로 다가오며..

성준	분위기 파악 좀 하세요. 여기가 어디라고 이렇게 당당하십니까, 형님.

성준을 바라보는 수혁.

성준이 기분 나쁜 미소를 지어 보인다.

응국, 안마남에게 술잔을 내밀면 다가와 술잔을 채우는 안마남.

채워진 술잔을 들고 다시 소파 쪽으로 다가오는 응국.

응국	앞으로 잘해보겠다는 말이 나올 줄 알았는데.. 지금.. 수혁이가 원하는 것은 따로 있나 보네..
수혁	....
응국	그 안에서 얼마나 생각이 복잡했으면 면회도 다 거부했겠냐.. 그래, 무슨 생각인지 들어볼 수 있나? (잔에 든 술을 들이켠다.)
수혁	이해 못 할 거예요, 형은. 말해도.

수혁의 말에 당황하며 얼굴이 굳는 응국.

그런 응국의 표정을 보고 수혁 쪽으로 돌아서는 성준.

빤히 수혁을 올려다보고 손에서 반지를 빼는 성준. 수혁의 얼굴에 주먹을 날린다.

날아드는 주먹에 수혁이 주춤 중심을 잃었다 다시 서면,

주먹을 연속으로 날리는 성준.

무표정하게 상황을 바라보고 있는 게르와 안마남.

응국	성준아.

주먹을 재차 날리려다 멈칫하는 성준.
몇 차례 날아든 주먹에도 흐트러짐 없이 성준을 바라보는 수혁.
응국, 수혁에게 다가가 재킷 포켓에 꽂혀 있던 행커치프를 뽑아
수혁의 얼굴에 흐르는 피를 닦아준다.

응국 내 알아서 들어볼게. 말해봐.
수혁 이미 결심했어요, 그때.
응국 결심? ....뭔 결심? 언제?
수혁 정리하겠다고요. 모든 걸.

피 묻은 행커치프를 성준에게 건네고 테이블로 가
걸터앉는 응국. 수혁을 마주보고,

응국 뭔 소리야?
수혁 큰형님요.
응국 큰형님! 너 지금 그때 큰형님을 손봤던 것도
아예 이 생활 접으려고 그런 거라고 말하는 거야, 지금?
수혁 큰형님 밑에서는 끝이 보이질 않았잖아요, 우리.

응국 앞에 단단하게 서 있는 수혁.
머리에 오만 가지 생각이 스치는 응국.

응국 우리... 그래서 뭘 어떻게 살아볼라고?
수혁 평범하게요.

응국 평범하게?

흔들림 없는 수혁의 눈빛.

응국 (웃음이 터지는) 하하하.. 평범하게..
난 니가 무슨 얘기하는지 정말 못 알아먹겠다. 하하하.
우리는 안 평범한가? 아니 무슨 다른 특별한 평범함이라도 있어?

말을 하며 수혁에게 다가선 응국.
그런 응국을 잠시 보던 수혁.

수혁 그럼 가보겠습니다.

돌아서 가는 수혁. 불편한 응국.
버튼을 누르는 수혁의 손. 엘리베이터 문이 열리자 안으로 타는 수혁.
게르가 엘리베이터 문을 막아서듯 기대고,
성준이 가방을 들고 와 지퍼를 열어 보이며
엘리베이터 안에 툭 던지듯 놓는다.

응국 뭘 해도 돈은 필요하지 않겠어.

문이 닫히며 수혁과 성준의 시선이 교차하고..
그 뒤로 응국이 보인다.

[엘리베이터 안]

수혁의 표정이 복잡하다. 바닥에 놓인 돈 가방.

29. 카이저호텔, 펜트하우스 - 오후

웅국, 책상에서 시가를 커팅하고 불을 붙이며 돌아선다.

웅국 옆에 누가 있나 알아나 보자.
성준 네.

'띵!' 하고 엘리베이터 문이 열리면 돈 가방이 그대로 놓여 있다.
돈 가방을 본 웅국.

웅국 수혁이는 왜 저럴까?

시가를 깊게 빨아들여 연기를 한가득 뿜어내는 웅국.

S# 26	카이저 호텔, 펜트 하우스	2020.03.20 13:17	D	CUT
	수혁을 반갑게 맞이하는 응국. 평범하게 살겠다고 일방적으로 말하고 가는 수혁		O	85

71

이 상황이 불편한 응국.

응국 단독 M.S

72

엘리베이터 버튼을 누르는 수혁의 손.

엘리베이터 버튼 C.U / EV 문 열리는 것 까지

73

엘리베이터 문이 열리고 타는 수혁.

카메라 EV 안 / EV 타는 수혁 정면 ->

엘리베이터 문이 닫히려는 찰나,

-> 뒤돌아 서는 수혁 -> EV 문이 닫히려는데 ->

게르가 엘리베이터 문을 턱! 잡고,
가로막고 선다.

-> 스윽 프레임 인 하는 게르 -> 수혁 OS 게르까지

S# 26	카이저 호텔, 펜트 하우스	2020.03.20 13:18	D	CUT
	수혁을 반갑게 맞이하는 응국. 평범하게 살겠다고 일방적으로 말하고 가는 수혁		O	85

74

그런 게르를 바라보는 수혁.

게르 측면 걸고 수혁 정면 B.S

75

돈가방을 들고 걸어가는 성준.

돈가방 위주 & 성준 -> TILT UP ->

수혁을 향해 다가간다.

-> FOLLOW OUT -> 성준 프레임 아웃 까지

76

돈가방을 들고 수혁을 향해 엘리베이터로 다가가는 성준.

수혁 정면 F.S -> 성준 프레임 인 ->

성준, 돈가방 지퍼를 열어 보이며 엘리베이터 안에 툭 던져 놓는다.

-> 성준 EV 안에 돈가방 툭 넣는 것 까지

S# 26	카이저 호텔, 펜트 하우스	2020.03.20 13:18	D	CUT
	수혁을 반갑게 맞이하는 응국. 평범하게 살겠다고 일방적으로 말하고 가는 수혁		O	85

77

돈가방을 내려놓는 성준.

수혁 OS 몸 숙인 성준 -> 성준 FOLLOW TILT UP ->

몸을 일으켜 비릿한 표정으로 수혁을 바라본다.
성준 뒤로 보이는 응국의 뒷 모습.

-> 수혁 OS 성준 T.B.S 까지

78

응 국　　뭘 해도 돈은 필요하지 않겠어.

응국 정면 M.S (뒤로 성준 뒷모습 & 열린 EV)

79

성준을 바라보는 수혁.

성준 OS 수혁 B.S / EV 문이 닫히기 시작한다

서서히 닫히는 엘리베이터 문.

-> EV 문 닫히는 것 까지

S# 26	카이저 호텔, 펜트 하우스	2020.03.20 13:18	D	CUT
	수혁을 반갑게 맞이하는 응국. 평범하게 살겠다고 일방적으로 말하고 가는 수혁		O	85

80

문이 닫히며 두 사람의 시선이 교차하고.

성준 단독 / EV 문 닫히는 것 까지

<추가 C#80A>
응국 쪽에서 본 엘리베이터 닫히는 순간
(성준 뒷부 OS 엘리베이터 안 수혁)

81

말 없이 창 밖으로 보고 서 있는 응국.

응국 OS 유리에 비친 응국 M.S

82

응국 뒤로 굳게 닫힌 엘리베이터 문이 보인다.

응국 정면 B.S

83

[엘리베이터 안]

복잡한 표정의 수혁.

엘리베이터 안 / 수혁 측면 M.S

84

바닥에 놓인 돈 가방

돈가방 타이트

S# 27	카이저 호텔, 펜트 하우스	2020.03.20 13:19	D	CUT
	돈가방을 가져가지 않은 수혁, 수혁 옆에 누가 있나 알아보라고 지시하는 응국		O	4

1

데스크에서 시가 컷팅하고 돌아서는 응국.

응 국　　옆에 누가 있나 알아나 보자.

데스크 앞 응국 뒷모습 -> TRACK OUT ->

성 준　　네.

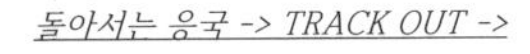

돌아서는 응국 -> TRACK OUT ->

응국 시가에 불을 붙이려는데 "띵" 들리는 소리.
엘리베이터 소리에 응국과 성준이 돌아보면

-> 응국 & 성준 측면 M.S

2

엘리베이터 문이 열리고

엘리베이터 F.S

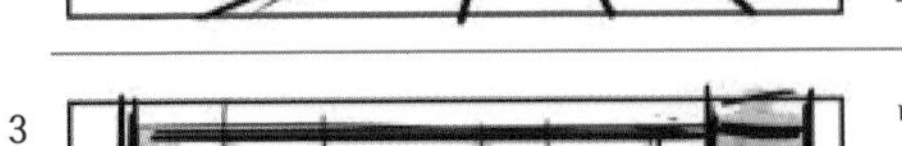

3

바닥에 그대로 놓인 돈가방이 보인다.

엘리베이터 안 돈가방 타이트 / 게르가 돈가방 들고 오는 걸로 현장에서 바뀔 수 있음

S# 27	카이저 호텔, 펜트 하우스	2020.03.20 13:19	D	CUT
	그대로 있는 돈가방, 함부로 움직이지 말고 알아만 보라고 지시하는 응국		O	4

4

응국을 돌아보는 성준.

<u>*응국 & 수혁 2SHOT -> TRACKING ->*</u>

응 국　　수혁이는 왜 저럴까?

시가를 깊게 빨아들여 연기를 한가득 뿜어내는 응국.

<u>*-> 응국 측면까지 CAMERA IN*</u>

30. 카이저호텔, 정문 앞 - 해 질 녘

호텔을 벗어나는 수혁.

31. 병원 진료실 - 해 질 녘

진료실 안에서 멍하게 앉아 있는 민서에게 증상을 묻는 의사.

의 사 어지럼 증상은 어떠세요?

대답 없이 휴대폰으로 온 문자를 확인하는 민서.
인비로부터 병원 앞에 도착했다는 문자가 왔다.
민서가 대답이 없자 의사가 질문을 잇는다.

의 사 요즘도 가끔 쓰러지고 그러세요?
민 서 아뇨, 괜찮아진 거 같아요.
의 사 일단.. 약부터 잘 챙겨 드시고..
이게 그.. 혈액암에서 동반된 빈혈 증상이라
입원 치료는 빨리 결정하시는 게 좋아요.
민 서 네

의사의 걱정 섞인 견해와는 다르게 감흥 없이 짧게 대답하는 민서.

32. 집으로 돌아오는 길 - 해 질 녘

길을 걷는 두 사람.

인비가 블루투스 이어폰을 꽂고 한두 걸음 앞서 걷고 있다.

그런 인비를 뒤따르다 따라붙어 툭 치는 민서.

블루투스 이어폰 한쪽을 빼고 엄마를 돌아보는 인비.

민서　　너 아빠 생각해본 적 있어?

인비　　응, 있지.

민서　　....어떤 거?

인비　　나한테는 없는 거.

민서　　(가슴이 짠하다) 만약에 있다면?

인비　　있어?

민서　　....

인비　　잘 모르겠어. 없잖아.
　　　　엄마, 남자친구 있으면 나 소개시켜줘도 돼.

민서　　(웃음 터지며) 뭐? 얘 웃기네. 너 진짜 엄마가 남자친구 있음 좋겠어?

인비　　응. 인비만 너무 생각하지 말고.

민서　　(애써 웃는다) 엄마는 인비 생각 안 하면 할 일이 없는데.

인비　　심심하겠다.

민서　　무슨 말이야. 얼마나 재미있는데.

인비　　내가?

민서　　응, 인비가 얼마나 재미있는데.

기분이 좋아진 인비, 활기차게 한두 걸음 앞으로 종종 나가

뒤돌아서며 우아한 폼으로 민서에게 손을 내민다.

인비 그럼 우리 춤출까요, 엄마.

민서 (웃으며) 네!

인비가 지니고 있던 블루투스 이어폰을 하나씩 나눠 끼고

서로를 사랑스럽게 바라보는 두 모녀.

양손을 맞잡고 춤인 듯 아닌 듯 스텝을 맞추어

장난스럽게 길을 가는 두 사람.

먼발치에서 조심스럽게 뒤를 따르며

둘의 모습을 간직하듯 바라보는 수혁이 보인다.

실제 로케이션 헌팅 자료 드론 이미지

실제 로케이션 헌팅 자료

실제 로케이션을 바탕으로 한 미술 컨셉 자료

실제 로케이션 헌팅 자료

실제 로케이션을 바탕으로 한 미술 컨셉 자료

실제 로케이션 헌팅 자료

실제 로케이션을 바탕으로 한 미술 컨셉 자료

실제 로케이션 헌팅자료 – 부감

실제 로케이션 헌팅 자료 – 부감

33. 진아 아지트 (폐놀이공원) - 해 질 녘

물이 빠진 지 오래된 수영장 트랙 안에서 바이크를 타며 즐기고 있는 진아.
바이크 뒤에는 토끼 인형이 줄로 매달려 있고,
그 뒤로 쇼이가 토끼를 쫓듯이 달려온다.
우진은 옛 안전요원 전망대에 올라앉아 RC카를 컨트롤하고 있다.

진아 추워, 들어가자.

건물 안 실내 수영장이 있는 공간.
수영장 안에 작은 원형 풀이 있고, 온수가 채워져 김이 모락모락 오른다.
그 안에 몸을 담그고 있는 우진.
물속에서 나와 우진의 뒤로 다가가 어깨선을 어루만지는 진아.
담배빵으로 보이는 흉터가 우진의 어깨선을 타고 팔로 이어진다.
손을 뻗어 흉터들을 하나하나 짚어가며 선을 그리는 진아.

진아 이거 많이 아팠어?

우진 (흉터에 손이 닿을 때 움찔~) 너 만나고는 아픈 기억도 없어.

진아 어렸을 때 선인장을 먹어본 적이 있어.
가시가 엄청 큰 선인장이었는데 한 번에 삼켰다.
아빠가 입에 들어가면 다 녹는다고 했거든..
지랄 그러고는 바로 응급실에 실려 갔잖아.
울 아빠 뒤지게 맞았잖아, 할아버지한테..
우리 아빠 알중 이었다고 이야기했지?

우 진　　응. 그래서 여기도 다 말아먹었다고.

진 아　　잘된 일이지. 그래서 여기가 내 놀이터가 됐잖아.
앞으로 아픈 일은 없을 거야. 우리한테.

등 뒤에서 몸을 포개며 우진을 따뜻하게 안아주는 진아.
진아의 품에 안긴 채 고개만 끄덕이는 우진.
수영장 주변을 어슬렁거리는 거대한 개 한 마리.

34. 중국집 련화(健花), 내부 - 밤

주방 안, 가스 불 위에서 끓고 있는 된장찌개.
주방의 서빙 공간 사이로 밥을 푸고 있는 여성과
주방을 정리하는 남자의 뒷모습이 보인다.
문이 열리는 소리에 고개를 숙여 홀을 내다보는 준호의 아내.

영업이 끝난 텅 빈 가게 안에 들어선 수혁.
손에는 비닐봉지로 싼 술병이 한 병 들려 있다.
카운터 옆에서 놀고 있던 꼬마가 수혁을 맞으며,

꼬 마　　오늘 끝났습니다. 미안합니다.

꼬마를 내려다보고 주방을 바라보는 수혁.
식기 정리를 하다 고개를 돌려 홀 쪽을 의식하는 무표정한 남자, 준호.

한눈에 봐도 오래된 인테리어의 중국집.
몇 개의 테이블이 놓인 홀과 작은 방이 붙어 있다.
수혁이 의자에 앉아 맞은편 방을 보면,
밥상을 차려 아이와 늦은 저녁을 먹고 있는 준호의 아내가 보인다.
평범한 가정의 식사하는 모습.
절뚝거리는 걸음으로 고량주 한 병을 들고 주방에서 나와,
수혁이 앉은 테이블로 다가와 앉는 준호.
테이블 위에는 김이 모락모락 나는 잘 썬 두부 한 모와
위스키 한 병이 올려 있다.

준호 우리 식구는 저녁이 늦어요.

자신이 가져온 고량주를 열어 수혁에게 잔을 권하는 준호.

준호 형이 한 번은 찾아올 줄 알았어요. 열 바퀴 채우셨죠?
수혁 응.
준호 (고량주 병을 보며) 열 잔 나올까 모르겠어요.

건배를 한 후 고량주를 한입에 털어 넣는 준호.
목덜미에 심한 화상 흉터가 보인다.
그런 준호의 모습을 잠시 보다 술을 들이켜는 수혁.
수혁의 시선을 의식하고,

준호 그래도 두부는 드셔야죠.

준호의 권유에 두부를 먹는 수혁.

준호　　불이 났었어요. 아니 누가 불을 지른 거죠.
같이 있던 동생 몇 놈은 병원에서 고름 짜다가 죽고..
전 중국으로 도망갔어요.

조용히 준호의 상처를 바라보는 수혁.

준호　　성준이 새끼.. 형 들어가고 치고 올라오는데
응국이 옆에 딱 붙어서 저까지 쳐내는데 정말 지랄 맞더라구요.
겁 많은 놈이 기회가 왔을 때 확실하게 하고 싶었겠죠.
수혁　　네가 고생이 많았구나.

수혁과 자신의 빈 술잔에 술을 채우고,
홀에 붙어 있는 작은 방으로 고개를 돌리는 준호.
수혁도 준호의 시선을 따라간다.
엄마가 주는 밥을 받아먹으며 장난감 집을 조립하고 있는 아이.

준호　　애들 엄마 중국에서 만났어요.
그냥 거기 눌러앉을까 했는데, 먹고살 길이 막막하더라고요.

건배를 청하고, 다시 술을 털어 넣는 준호와 수혁.

中外之官常明者百二十有
四可名者三百二十為星者二
千五百微星之數萬一
二十東七宿成龍形
尾北七宿成龜形西首東尾

준호 한국 오자마자 성준이 찾아가서 빌었어요.

아무것도 할 수 없으니 제발 살게만 해달라고..

(쓴웃음) 보이지도 않던 밑에 놈 앞에서 무릎 딱 꿇고..

수혁 ....

준호 근데 이상하게 맘이 시원해지더라고요. 정리가 되는 뭐 그런 느낌..

아! 이제 진짜로 살아볼 수 있겠구나..

덕분에 다리 하나는 편치 않게 됐지만 마음은 한없이 가볍더라고요..

수혁의 잔에 술을 따르고, 자신의 잔을 채우는 준호.

준호 우리는 세상을 잘못 보고 산 것 같아요, 형. 실패한 인생이죠.

그걸 인정하는 데 시간이 참 오래 걸렸어요.

건배를 청하고 술을 들이켜는 준호.

수혁 그래도 지금은 좋아 보인다.

준호의 말을 듣고만 있던 수혁이 나지막이 입을 연다.

준호 ....

수혁 나도 이제부터 너처럼 평범하게 잘 살아보려고.

수혁의 눈을 잠시 응시하는 준호.

자신의 잔을 채우고 다시 수혁에게 받을 것을 권하자

수혁이 자신의 술잔을 들이켠다. 수혁의 빈 잔에 술을 채우며,

준호 수혁이 형. 저 여기까지 오는데 정말.. 힘들었어요.
그래서.. 두려운 게 많아졌어요.
저는 형이 여기 오지 않았으면 해요. 죄송합니다, 형.

수혁 ....

준호 언젠가.. 그 평범한 시간이 오면
그때 제가 오늘 형이 가져온 이 술 들고 찾아갈게요.
이 술은 그때 우리 같이 마셔요, 형.

그 모습을 바라보는 수혁. 쓸쓸한 미소로 준호에게 건배를 청한다.

35. 어느 골목 - 밤

술을 깨려는 듯, 어두운 골목 안 자신의 차를 지나쳐
막연히 걷고 있는 수혁의 뒷모습.
그런 수혁의 뒷모습에 자동차 불빛이 비추어진다.
뒤를 돌아보며 한쪽으로 몸을 피해주는 수혁, 걸음을 멈추자 차도 멈춰 선다.
갑자기 상향등을 켜 수혁을 비추는 자동차 불빛.
손으로 불빛을 가리는 수혁의 모습이 차 안에서 보인다.
상향등을 비추고 있는 차 보조석 쪽에서 성준이 내리며 모습을 드러낸다.

성준 어떻게 준호 형이랑 회포 좀 푸셨나요?
그래, 평범하게 사는 준호 형님 보니 어떠세요? 좋아 보이던가?

수혁 나 따라다니는 거야?

성준 따라는요... 관심이죠. 관심.
오랜만에 사회에 나오신 형님에 대한 회장님의 걱정이 하늘을 찌르십니다.
아주 질투가 날 정도입니다.

수혁 내 걱정 안 해도 된다.

성준 시간에는 장사 없다더니..
이제 보니 주름도 늘고 옛날 같지 않으십니다, 형님.
그냥 회장님께서 시키는 심부름이나 잘하고 밑에 찌그러져 계세요.
그게 평범한 거 아니겠습니까, 형님.
쓸데없이 나대고 다니면서 작당하지 말고,
준호랑 싹 다 갈아서 확 묻어버리는 수가 있으니까.

멍한 표정으로 성준을 바라보던 수혁,
살짝 앞으로 다가가 성준의 어깨에 손을 올린다.
순간적인 수혁의 움직임에 성준, 자신도 모르게 움찔하는데.

수혁 그래, 알았다. 조심할게.

하고는 자기 갈 길을 가는 수혁.
움찔했던 자신의 감정에 혼자 수치와 모멸감, 창피함, 온갖 감정이
화로 치밀어 올라 수혁의 뒷모습을 바라보는 성준.
문뜩 돌아보면 보안요원이 운전석에서 내려 멀뚱히 보고 서 있다.

성준 뭘 보고 서 있어. 이 씨발놈아.

실제 로케이션 헌팅 자료 – 련화 중국집, 인근 개천길

S# 32	련화 중국집, 인근 개천 길	2020.03.20 21:43	N	CUT
	술 취해 걷는 수혁을 따라와 나대지 말라 협박하는 성준. 알았다는 수혁.		L	20

4

수혁의 뒷모습에 자동차 불빛이 비추어진다.
뒤를 슬쩍 돌아보며 한쪽으로 몸을 피해주는 수혁.

카메라 성준 차 안 / 차 앞유리 걸고 수혁 뒷모습 F.S

5

수혁이 길을 피해줬는데도 지나가지 않는 차.

몸 돌리는 수혁 & 성준차 정면 F.S

6

뒤를 돌아보는 수혁.

수혁 단독

7

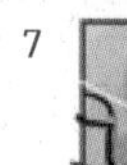

그때, 상향등을 켜는 차.

성준 차 F.S ->

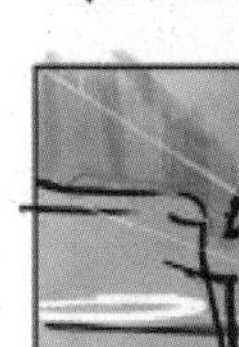

성준이 보조석 쪽에서 내리며 모습을 드러낸다.

-> 성준 내리는 것 까지

S# 32	련화 중국집, 인근 개천 길	2020.03.20 21:43	N	CUT
	술 취해 걷는 수혁을 따라와 나대지 말라 협박하는 성준. 알았다는 수혁.		L	20

8

차에서 내리는 사람을 유심히 바라보는 수혁.

수혁 단독

9

성 준　　어떻게 준호 형이랑 회포 좀 푸셨나요?
그래, 평범하게 사는 준호 형님 보니
어떠세요? 좋아 보이던가?

다가오는 성준 K.S

10

수혁에게 다가가는 성준.

수혁 & 성준 측면 F.S

11

수 혁　　나 따라다니는 거야?

수혁 정면 M.S

12

성 준　　따라는요.... 관심이죠. 관심.
오랜만에 사회에 나오신 형님에 대한
회장님의 걱정이 하늘을 찌르십니다.
아주 질투가 날 정도입니다.

수혁 OS 성준 M.S

S# 32	련화 중국집, 인근 개천 길	2020.03.20 21:43	N	CUT
	술 취해 걷는 수혁을 따라와 나대지 말라 협박하는 성준. 알았다는 수혁.		L	20

13

수 혁 　내 걱정 안 해도 된다.

수혁 단독

14

성 준 　.. 시간에는 장사 없다더니.. 이제 보니
주름도 늘고 옛날 같지 않으십니다, 형님.
그냥 회장님께서 시키는 심부름이나 잘 하고
밑에 찌그러져 계세요. 그게 평범한 거
아니겠습니까, 형님. 쓸 데 없이 나대고
다니면서 작당하지 말고 준호랑 싹 다 갈아서
확 묻어 버리는 수가 있으니까.

수혁 OS 성준 M.S

15

멍한 표정으로 성준을 바라보는 수혁.

성준 OS 수혁 M.S

16

수혁, 살짝 앞으로 다가가 성준의 어깨에 손을 올린다.

부감 / 수혁 & 성준 F.S

17

순간적인 수혁의 움직임에
성준, 자신도 모르게 움찔하는데.

수혁 OS 성준 M.S

S# 32	련화 중국집, 인근 개천 길	2020.03.20 21:43		CUT
	술 취해 걷는 수혁을 따라와 나대지 말라 협박하는 성준. 알았다는 수혁.		L	20

18

수 혁　그래, 알았다. 조심할게.

성준 OS 수혁 -> 수혁 얼굴에서 성준 어깨 위에 놓인 수혁 손으로 TILT DOWN / 수혁 돌아나가는 것 까지

19

자기 할 말 하고, 갈 길을 가는 수혁.

수혁 정면 & 남은 성준 F.S / 수혁 프레임 아웃까지

20

움찔했던 자신의 감정에 혼자 수치와 모멸감과 창피함, 온갖 감정이 화로 치밀어 오르는 성준.

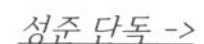

성준 단독 ->

수혁의 뒷모습을 바라보다

-> 분노하는 성준 -> 몸을 돌리는 것 까지 ->

21

문뜩 돌아보면 보안팀장이 운전석에서 내려 멀뚱히 보고 서 있다.

성 준　누가 내리랬어? 들어가!

성준 차 뒷부 걸고 보안팀장 & 성준 F.S / 멀리 걸어가는 수혁 뒷모습 L.S

36. 신도시 도로 - 오전

아파트 빌딩 숲 사이로 붉은빛이 스며든다.
해가 오를수록 긴 그림자가 점점 짧아지고,
바둑판처럼 블록으로 이루어진 신도시가 모습을 드러낸다.

37. 무용학원 앞 - 오전

학원으로 걸어오는 민서와 인비. 민서가 건너편 수혁을 발견한다.
걸음이 서서히 느려지고 학원 앞에 멈춰 서면
수혁은 한 손에 인형의 집을 들고, 다른 한 손은
재킷 주머니에 넣은 자세로 이쪽을 바라보고 있다.
학원 앞인데 잡은 손을 놓아주지 않는 엄마를 올려다보는 인비.
"엄마!" 하고 부르는 인비의 소리에 번뜩 인비를 내려다보는 민서.
"그래, 열심히 하고 전화해" 하며 작별 인사를 나누는 민서와 인비.
멀뚱히 서 있는 수혁을 잠시 바라보다 돌아서는 민서.
그런 민서를 따르는 수혁.

Sylvanian Families
불이
어오는 이층집

38. 임시 마켓이 늘어선 길 - 오전

아름다운 햇살이 거리를 비추고,

이곳저곳 좌판으로 늘어선 상점들을 둘러보며 장을 보는 민서.

쉽게 다가가지 못하고 그녀의 뒤를 조용히 따르는 수혁.

그런 수혁을 간혹 의식하는 민서의 일상은 화사하고 건강해 보인다.

조금씩 거리를 좁히지만 어느 순간, 일정한 거리를 넘어서지

못한 채 민서를 따르는 수혁.

꽃을 파는 좌판에 멈춰 꽃을 보고 향기도 맡는 민서.

민서를 보는 수혁.

[집으로 돌아가는 길]

장을 본 물건들과 꽃 한 다발을 들고 집으로 향하는 민서.

문득 걸음을 천천히 멈추고 뒤를 돌아보면,

저 앞에 거리를 두고 수혁이 걸음을 멈춘 채 민서를 바라보고 있다.

잠시 그렇게 서로를 바라보는 두 사람.

민서 뭐야? 집 잃은 개처럼.

수혁이 민서에게 다가가면,

민서가 수혁을 외면하려는 듯 몸을 돌리다 휘청한다.

그런 민서의 동작에 놀라 멈칫하는 수혁.

민서가 수혁 쪽을 돌아보더니 그대로 바닥에 주저앉듯 쓰러진다.

바닥에 떨어지는 물건들과 꽃다발.
흐릿한 민서의 시선에 수혁이 놀란 표정으로 뛰어오고,
바닥에 덩그러니 떨어져 있는 인형의 집.

39. 신도시 도로 / 아파트 공사장 / 사거리 - 오전

민서를 태운 채 도로를 달리는 수혁.
신도시 외곽 도로 신호에 걸려 진행이 느리다.
옆으로 새롭게 조성되고 있는 아파트 단지 공사로 도로는 좁고
간헐적 통제가 이루어지고 있다.
신호가 파란불로 바뀌지만 공사장에서 나오는 트럭의 통행을 위해
공사장 안전요원이 도로의 차량 통행을 통제한다.
마음이 급한 수혁이 갓길로 치고 나가 공사장 안으로 파고든다.

미끄러지듯 공사장을 가르는 도로로 들어오는 수혁의 차.
길게 뻗은 도로를 사이에 두고 양쪽으로 건설 공사가 한창인 벌판.
기어를 변속하며 거칠게 속도를 높인다.

민서가 눈을 뜬다. 그녀의 눈에 수혁이 보인다.
민서를 바라보는 수혁의 눈빛이 불안하게 떨리고

민 서 (정신을 차려 상황을 정리해보려는) 왜 온 거야?
인비 볼 준비 돼서 온 거야?

창백한 얼굴에 애써 정신을 차리며 수혁을 보는 민서.
그런 민서를 안타까운 눈빛으로 살피는 수혁.
잠시 주변의 소음이 사라지는 순간. 콰쾅!!!!!

도로가 갈리는 사거리 지점에서 나타난 육중한 지프가
수혁의 차 운전석 측면을 그대로 들이박는다.
엄청난 충격으로 수혁의 차가 밀리고, 몸이 휘청 출렁이는 민서.
지프가 굉음을 내며 수혁의 차를 밀어붙인다.
수혁의 차가 도로에서 벗어나 공사장 쪽으로 밀려 튕겨 나가버린다.
그대로 쌓여 있던 건설자재에 처박히는 수혁의 차.

자욱한 흙먼지가 걷히자 운전석의 수혁이 간신히 고개를 든다.
거친 숨소리와 함께 어지럽게 일그러지는 수혁의 시선.
조수석을 바라보면 민서가 의식을 잃은 채 머리에 피를 흘리며 몸이 처져 있다.
민서를 살피는 수혁의 심정이 무너진다.

저 앞에 시꺼먼 지프가 수혁의 차를 바라보고 있다.
검게 선팅된 차창이 열리면 무표정한 얼굴의 진아. 쓱~ 올라가는 차창.

촬영 개요

TAKE

촬영컨셉

- 새로 생겨나는 쇼핑몰 옆 철거 예정의 고가차도. 쇼핑몰자리는 예전 우진의 과거가 있는 장소.
  과거와 현재, 미래까지도 내려다 볼 수 있는 장소이기도 하다.

○○고가차도

촬영 장소

TAKE

○○ 고가차도

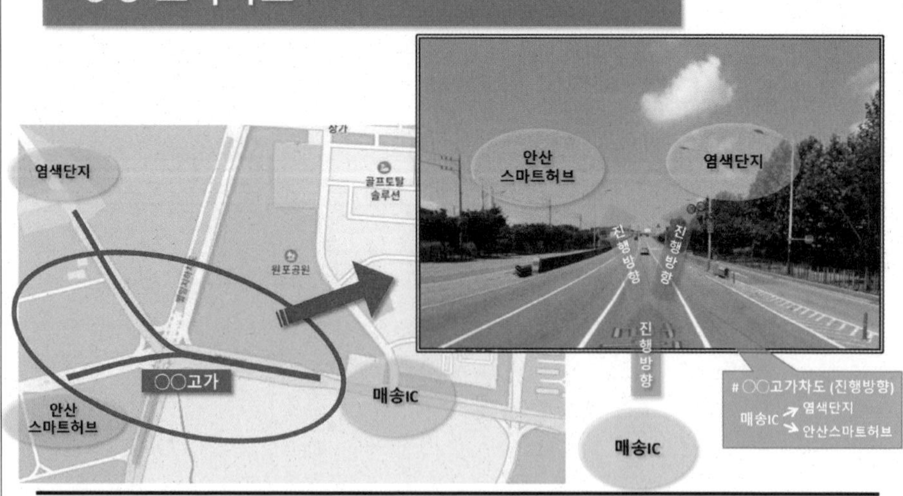

○○고가차도

촬영 계획

TAKE

◆ 1일차 (토요일)

▷ 오후 6시 섭외 된 베이스 장소에 스탭 집합, 의상, 분장 및 안전 관련 교육 진행

▷ 오후 6시 매송IC에서 오는 방향 도로의 2,3차선을 역삼각형 모양으로 통제구간을 만들어
○○고가로 들어오는 차량의 속도를 줄인다.
○○고가로 들어오는 5차선 중 2차선을 입구부터 통제하며 ○○고가 진입로
까지 약 350M를 점차 좁히며 방호벽으로 안전공간 확보
일방방향도로인 ○○고가 진입로를 통제함으로써 ○○고가 전면 통제 시작

▷ 오후 7시 안전교육 마친 전 스탭들, 소품바이크등 전면 통제된 별망고가 이동 후
장비 세팅 및 촬영 준비

▷ 오후 9시 고가차도 달리는 장면 촬영

▷ 익일 오전 6시 촬영 종료 및 통제 해제

○○고가차도

촬영 계획

TAKE

◆ 2일차 (일요일)

* 1일차와 동일하게 안전교육 및 안전공간 작업 진행 후 촬영

▷ 오후 6시 섭외 된 베이스 장소에 스탭 집합, 의상, 분장 및 안전 관련 교육 진행

▷ 오후 6시 매송IC에서 오는 방향 도로의 2,3차선을 역삼각형 모양으로 통제구간을 만들어
○○고가로 들어오는 차량의 속도를 줄인다.
○○고가로 들어오는 5차선 중 2차선을 입구부터 통제하며 ○○고가 진입로
까지 약 350M를 점차 좁히며 방호벽으로 안전공간 확보
일방방향도로인 ○○고가 진입로를 통제함으로써 ○○고가 전면 통제 시작

▷ 오후 7시 안전교육 마친 전 스탭들, 소품차량, 소품바이크등 전면 통제된 ○○고가
이동 후 장비 세팅 및 촬영 준비

▷ 오후 9시 고가차도 중앙부에서 대화 장면부터 촬영

▷ 익일 오전 5시 촬영 종료 및 통제 해제

○○고가차도

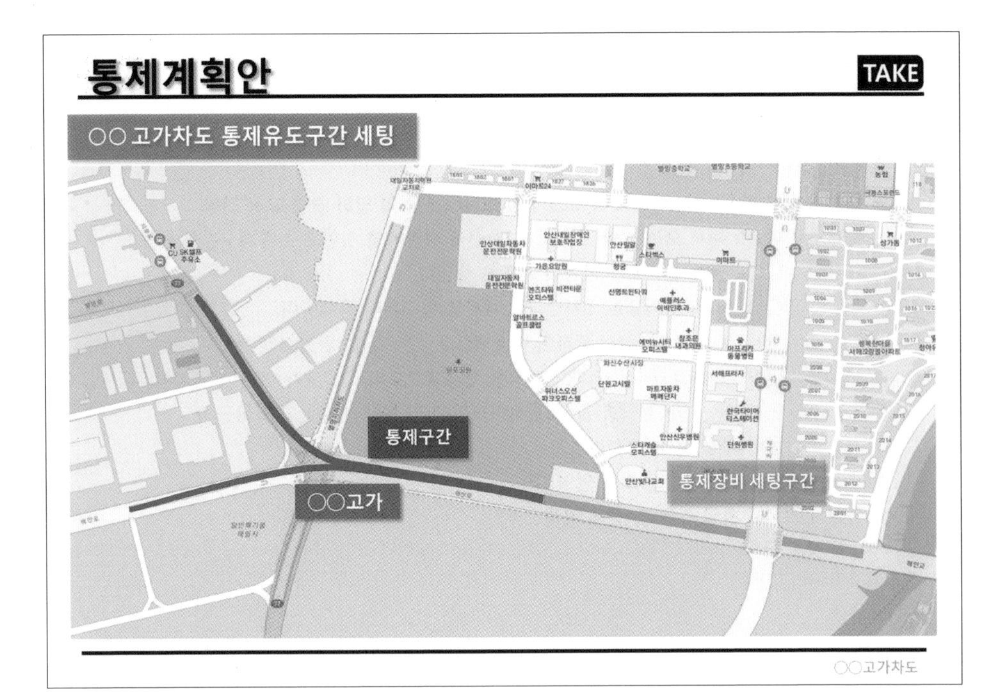
통제계획안
TAKE
○○ 고가차도 통제유도구간 세팅
통제구간
○○고가
통제장비 세팅구간
○○고가차도

통제계획안
TAKE
○○고가차도 통제유도구간 세팅
○○고가
○○고가
매송IC
통제장비 세팅구간
○○고가차도

통제계획안

○○고가차도

통제계획안

○○고가차도

통제계획안

통제유도 구간 세팅 예시

○○고가차도

차량 조사

TAKE

3주간 ○○고가차도 통행 차량 조사

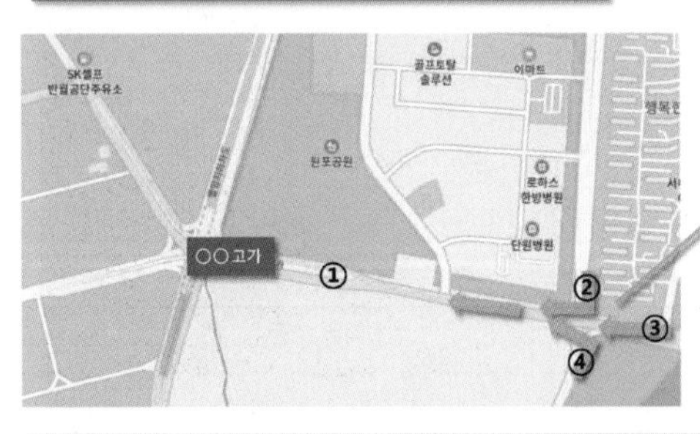

* 이동방향

- ✓ ② ○○초교 → ① ○○고가
- ✓ ③매송IC → ① ○○고가
- ✓ ④○○고가 → ① ○○고가

- ➢ 매송IC 방향에서 통행하는 차량이 제일 많음
- ➢ 한 신호에 약 10대~15대 가량 통행됨
- ➢ 20시 기점으로 통행 차량이 점차 줄어듦

각방향→ ○○고가	12/28 (토)			12/29 (일)			1/04 (토)			1/05 (일)			1/11 (토)			1/12 (일)		
	pm08~09	pm09~10	pm10~11	pm08~09	pm09~10	pm10~11	pm08~09	pm09~10	pm10~11	pm08~09	pm09~10	pm10~11	pm08~09	pm09~10	pm10~11	pm08~09	pm09~10	pm10~11
○○ 초교(②)	25	30	9	13	12	7	16	7	11	19	11	5	12	4	7	17	12	24
매송IC(③)	188	161	124	183	185	155	203	192	150	190	165	129	210	174	143	193	138	144
○○ 고가(④)	5	10	3	7	4	4	3	10	7	3	4	3	6	2	5	5	6	6

* 오차가 있을 수 있음

○○고가차도

차량 조사

TAKE

매송IC → ○○고가차도 통행량 그래프

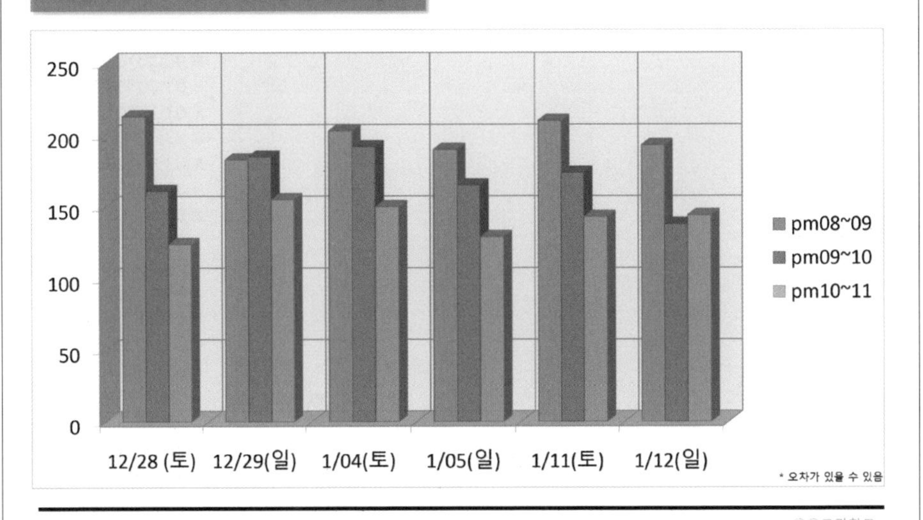

○○고가차도

차량 조사 2차

TAKE

일요일-월요일 새벽새간대
○○ 고가차도 통행 차량 조사

- ✓ 일요일에서 월요일로 넘어가는 새벽시간대 ○○고가차도 통행량 조사
- ✓ 2020년 2월 24일 (월) 조사
- ✓ 가장 통행량이 많았던 매송IC 조사
- ✓ Am 04:40 ~ 이후 조금씩 차량이 늘어남
- ✓ Am5:30 ~ 차량이 급증함

매송IC →각 방향	03:00~03:10	03:10~03:20	03:20~03:30	03:30~03:40	03:40~03:50	03:50~04:00	04:00~04:10	04:10~04:20	04:20~04:30	04:30~04:40	04:40~04:50	04:50~05:00	05:00~05:10	05:10~05:20	05:20~05:30	05:30~0:40	05:40~05:50	05:50~06:00
초지역	3	1	1	1	3	3	2	1	1	0	2	4	3	2	7	9	10	7
염색단지	4	2	9	4	4	3	9	8	14	11	11	17	36	42	58	106	102	100
안산허브단지	3	4	5	5	8	7	10	7	15	15	20	27	26	37	63	81	100	139

* 오차가 있을 수 있음

○○고가차도

차량 조사 2차

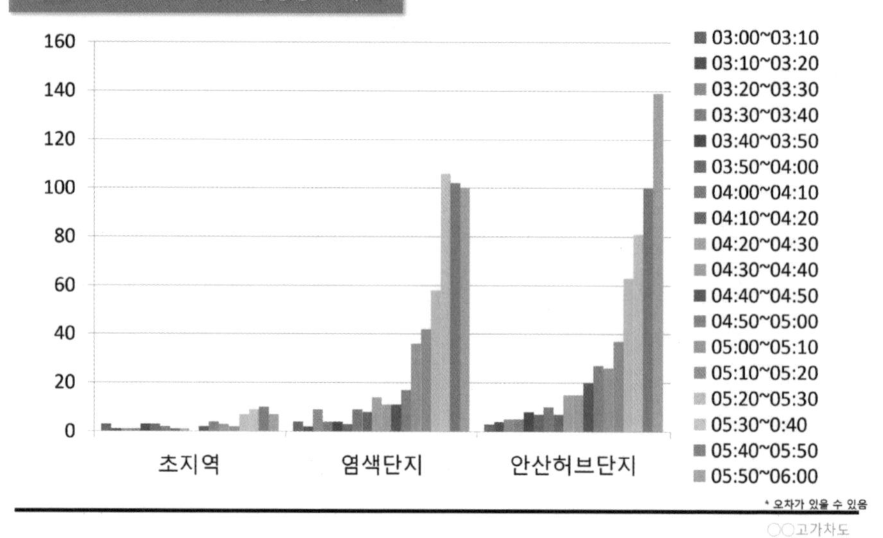

* 오차가 있을 수 있음

○○고가차도

통제 계획

TAKE

- ○○고가 통제시 단원병원입구 사거리가 기점으로 우회도로 3가지 방안이 있음
  ① 직진 후 고가 옆길에서 초지역 방향으로 우회전 후 유턴
  ② 우회전 후 이마트 사거리에서 좌회전, 직진 후 대일자동차학원 삼거리에서 좌회전
- 우회도로 1안을 시작으로 각 구간이 막힐 경우 안내요원이 다른 우회도로로 유도 (1안이 막힐 경우 2안으로 우회 유도)
- 각 구간에서 안전을 위해 안전요원은 2인 1조로 배치 예정
- 각 구간별 혼잡이 예상되는 구간에 모범운전자와 안내요원을 같이 배치 우회도로의 혼잡이 생기지 않도록 진행 할 예정
- 촬영 종료 후 통행량이 점차 증가하는 시간대이므로 매송IC방향에서 적신호시 상대적 통행량이 적은 다른 구간에서 오는 차량 일부 통제 후 스탭들 이동 예정

○○고가차도

통제 개요

TAKE

통제 구간

- ○○고가차도 전 구간
- ○○고가차도 진입로부터 단원병원입구사거리 방향으로 350m가량
- 단원병원입구사거리에서 매송IC 방향으로 150M 가량

통제 인원

- 제작팀 7명 (촬영현장 內 스탭 통제 및 전 구간 통제 지휘)
- 안내요원 18명 (각 우회도로 안내)
- 모범운전자 6명 (중요 우회도로 차량 유도신호)

통제 계획

- 차량조사를 바탕으로 우회도로 설정 및 통제인원 배치
- 각 우회도로에 대해선 단원병원입구 사거리에서 안내문 전달 예정 및 현수막 설치 등 사전 홍보 예정

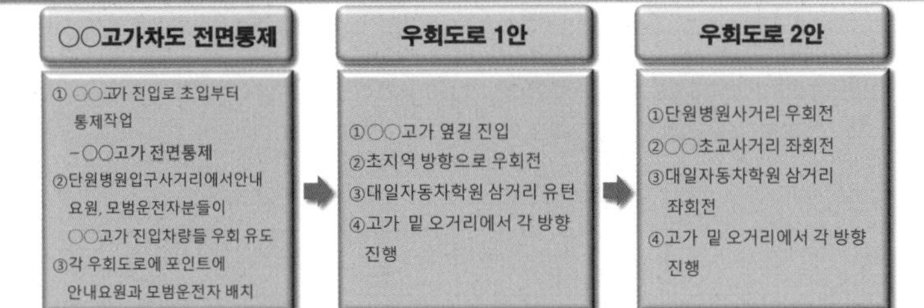

○○고가차도 전면통제
① ○○고가 진입로 초입부터 통제작업
-○○고가 전면통제
②단원병원입구사거리에서안내요원, 모범운전자분들이 ○○고가 진입차량들 우회 유도
③각 우회도로에 포인트에 안내요원과 모범운전자 배치
우회도로 1안
①○○고가 옆길 진입
②초지역 방향으로 우회전
③대일자동차학원 삼거리 유턴
④고가 밑 오거리에서 각 방향 진행
우회도로 2안
①단원병원사거리 우회전
②○○초교사거리 좌회전
③대일자동차학원 삼거리 좌회전
④고가 밑 오거리에서 각 방향 진행

○○고가차도

통제계획안

TAKE

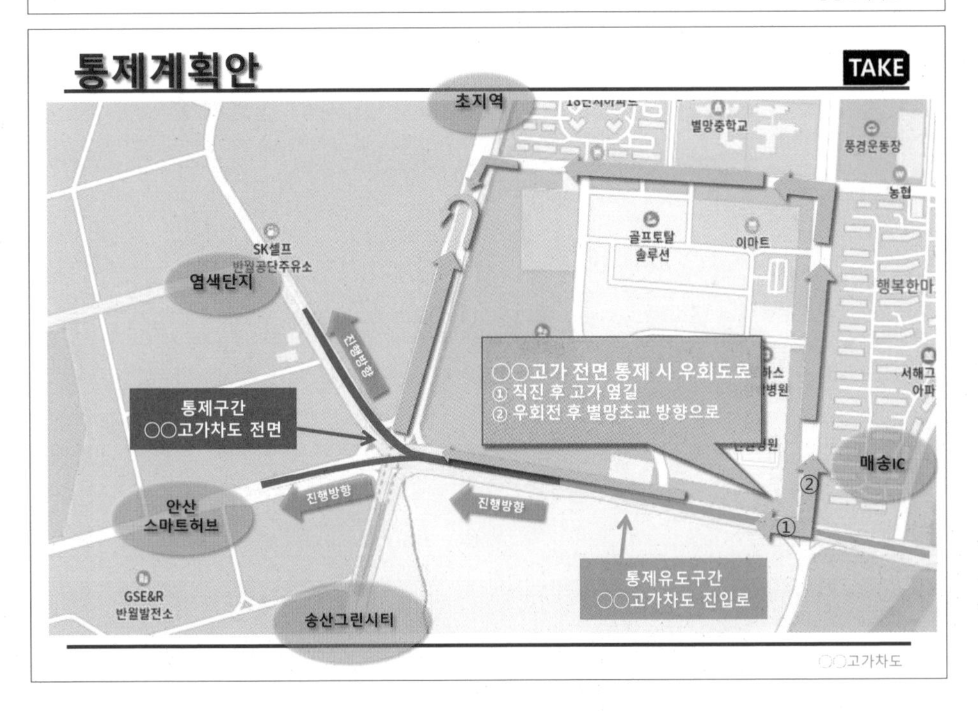

○○고가차도

실제 로케이션 헌팅 자료 – 고가도로

미술 컨셉 아트 자료 - 고가도로

40. 고가도로 진입로 - 해 질 녘 [하루 전]

붉은 석양에 물든 한적한 길. 도로를 질주하는 진아의 바이크.

우진이 뒤에서 몸을 잔뜩 웅크린 채 쏟아지는 바람을 피하고 있다.

바이크의 속도를 올리는 진아.

41. 고가도로, 성준 차 안 - 밤 [하루 전]

대형 쇼핑몰 벽면에 설치된 커다란 화면.

아직 오픈 전인 쇼핑몰의 오픈을 알리는 영상이 화려하게 흐른다.

쇼핑몰이 훤히 보이는 고가도로 위 난간에 올라가 있는 진아와 우진.

철거 중인 고가도로에 공사 장비들이 듬성듬성 어지럽게 놓여 있다.

고가 밑으로 막걸리 한 병을 뿌리는 우진.

우 진 우리 할머니랑 저쪽에 살 때는 이 근처가 다 쪽방촌이었는데..

(쇼핑몰을 바라본다) 지랄같이 크게도 지었다.

진아, 난간 위에 서서 쇼핑몰을 바라본다.

진 아 할머니 무덤이라고 생각하면 되잖아? 엄청 커다란..

우 진 (피식 웃으며) 이 도시 자체가 무덤이야.

할머니는 이 도시의 피해자이고..

난간에서 도로 위로 팔짝 뛰어내리는 진아.

진 아　　배고파.

진아는 바이크 운전석에 올라앉아 있고,
우진이 다가와 뒷자리에 오르려는 순간 전화벨이 울린다.
번호를 확인하고 전화를 받는 우진.

성준(음성)　　여보세요.
우 진　　여보세요.
성준(음성)　　야!
우 진　　야!
성준(음성)　　이 새끼가.
우 진　　이 새끼가.

[우진과 성준 전화통화 교차 편집]

성 준　　야, 목사 어떻게 됐어? 이 새끼야!
우 진　　목사는 가나안 땅으로 잘 모셨지.
　　문자로 하시라니까 자꾸 전화를 하세요. 불편하게.
성 준　　가나안?
우 진　　축복받은 땅.
성 준　　뭔 개소리야?
우 진　　(세상에 던지듯 큰 소리로) 월월~ 월월월~

성준, 전화기를 내려놓고 한숨을 쉰다.

성준　(혼잣말로) 이 미친 새끼..

(다시 전화를 받으며) 처리를 했으면 했다고 전화를 해야지, 새끼야.

우진　왈왈~

성준　왈왈왈~! 이 개새끼야. 이 새끼. 왈!

너 시끄럽고. 너 바로 일 하나 더 하자.

우진　일? 안 해. 쉴 거야.

성준　따블 줄게!!

우진, 진아를 보고 입모양으로 '따블'을 말한다. 고개를 끄덕이는 진아.

우진　뭔데?

성준　쎈 놈이야.

우진　몇 개?

성준　한 개.. 니들 방식 말고 그냥 갈아버려.

우진　우리 방식 아니면 안 할래.

성준　따따블 줄게!! 씨발!

우진, 다시 한번 진아를 쳐다보고 '따따블'을 말한다.
기분 좋은 듯 고개를 가볍게 까딱하는 진아.
우진, 떨떠름한 표정으로 다시 대답한다.

우진　좌표 있으면 날려. 근데 어떻게 하라고?

성준　그냥 아주 흔하고 뻔하게..

휴대폰 화면에 위치추적 지도가 표시되고, 목표물 아이콘이 깜박거린다.

42. 사거리, 아파트 공사장 - 오전

앞 신의 위치추적 지도에서 넘어오면,

성준(소리) 한 방에.

쾅!!! 지프의 기습에 도로에 미끄러지는 수혁의 차.
빠른 편집으로 나열되는 두 차량의 충돌이
무너져 내리는 수혁의 눈빛으로 이어지고,
옆에 의식 잃은 민서의 상태를 확인하고 지프를 노려보는 수혁.
수혁을 바라보는 무표정한 얼굴의 진아.

진아 (우진에게) 갑자기 이런 데서 때려 박으면 어떡해?
우진 하나라고 했는데 왜 둘이지?

우진 쪽 에어백은 터져 나와 있고, 진아 쪽은 터지지 않은 상태다.

진아 이거는 왜 안 터지고 지랄이야. 가자.
언제든지 찾을 수 있어. 우리 방식으로 하자.
아이고, 아저씨들 구경났네. 구경났어.

진아의 말에 우진이 돌아보면, 지나가던 덤프트럭이 멈춰 서 이쪽을 본다.
빠른 속도로 출발하며 수혁 옆을 스쳐 자리에서 멀어지는 지프.
시커먼 지프를 분노로 노려보는 수혁. 의식을 잃은 민서.

멀리서 이쪽으로 다가오는 근처 인부들.

수혁의 차가 굉음을 내며 빠르게 출발한다.

43. 신도시 외곽도로 - 오전

비틀거리며 위태롭게 도로를 질주하는 수혁의 차.

사고의 충격으로 민서를 계속 살피며 운전에 집중하는 수혁.

수혁의 얼굴 위로 민서의 음성이 들린다.

민서(음성) 준비됐어? 준비돼서 온 거냐고??

인비를 지켜주는 사람이.. 좋은 사람이면 좋겠어. 정말 좋은 사람..

'뚜~~' 멈추는 심장박동. 암전.

44. 병원, 영안실 안치소 - 오후

커다란 유리창을 사이에 두고 유령처럼 서 있는 수혁.

유리벽 반사로 냉동고 안으로 민서의 시신이 들어가는 모습이 보인다.

병원 관계자가 다가와 수혁을 부르고, 손에 들린 서류를 수혁 앞에 내민다.

병원 관계자 (조심스럽지만 사무적이다) 김민서 씨 보호자분?

여기 관계자란에 사인 부탁합니다.

사망확인서를 받는 수혁.
텅 빈 눈동자, 연민과 미안함으로 민서 쪽을 바라보는 수혁.

민서(음성) 정신 차려.

수혁이 유리벽에 비친다.
유리벽을 사이에 두고 번지는 수혁의 떨리는 눈으로 화면 이동하면.

45. 지하 주차장 - 해 질 녘

수혁의 차. 민서 가방에서 민서가 복용하던 약봉지를 꺼내 보고 있다.

병원 관계자(소리) 항암치료제인데.. 암이 있으셨나 보네요.

괴로운 수혁. 안타까운 심정에 감정을 어찌 추슬러야 할지 모르겠다.
그러다 민서의 휴대폰을 열어 보는 수혁.
민서의 휴대폰은 잠금 설정이 안 되어 있다. 발신자란에 있는 '우리딸'.
인비에게 전화를 해야 할지 말아야 할지 머뭇거리다 포기하고..
룸미러에 민서의 묵주 목걸이를 걸고는 차를 출발시킨다.

46. 진아 아지트, 도로 - 해 질 녘

실내 공간에서 3D 프린터를 이용해 사제 총을 만들고 있는 우진.
완성된 총으로 한쪽에 세워진 과녁을 향해 난사를 해본다.
진아가 옆으로 다가와 우진의 얼굴에 휴대폰 화면을 들어 보인다.

우진 ....

위치추적 지도에서 깜박이는 목표물이 어딘가로 이동한다.

진아 가서 빨리 끝내고 맛있는 거 먹으러 가자.

뒷주머니에 꽂혀 있던 돈다발 한 뭉치를 꺼내 흔들더니,
앞 허리춤에 찔러 넣는 진아.

47. 무용학원, 내부 - 저녁

아이들이 수업을 받고 있는 학원 연습실 안을 둘러보는 수혁.
낯선 남자를 발견하고 다가와 문을 여는 선생님.

선생님 어떻게 오셨죠? ...누구 찾으세요?

대답을 못 하고 머뭇거리다 자리를 뜨는 수혁.

48. 무용학원, 근처 어느 길가 - 저녁

집으로 향하는 듯 길을 걷는 인비.

옆으로 스치는 친구들이 "인비야, 피자 먹으러 가자?" 하면,

"싫어, 안 가. 엄마가 기다려" 하고 짧게 대답하고는 바쁘게 걷는 인비.

49. 어느 골목 안 - 저녁

골목 안 으슥한 곳으로 들어온 인비가 주변을 살피며 가방을 벗어

무언가를 꺼내려 지퍼를 연다. 골목 틈새 한쪽에서 나오는 고양이.

한 마리, 두 마리, 세 마리… 여섯 마리, 일곱 마리.

반가운 화색으로 고양이들 앞에 쪼그려 앉는 인비.

인비 (가방에서 꺼낸 참치캔 서너 개를 열어 고양이들 앞에 골고루 덜어주며)
너희 조심히 다녀. 한증막 아줌마랑 호프집 아저씨가
너희 잡아 죽여야겠다고 난리 치고 있으니까.

고양이들을 귀여운 듯 예쁘게 바라보는 인비.

50. 주공아파트, 107동 앞 - 저녁

인적 없는 아파트 앞에 수혁의 차가 주차되어 있고,

수혁이 아파트에서 나온다.

인비가 오는지 주변을 두리번거리며 걸음을 옮기는 수혁.

아파트 앞 좁은 차로까지 나와 둘러보다 주머니에서 휴대폰을 꺼낸다.

민서의 휴대폰. 통화 내역을 열어 '우리딸' 통화 버튼을 누르는 수혁의 얼굴.

통화 연결음이 몇 차례 들리고,

바로 뒤쪽에서 전화벨 소리가 들려 돌아보는 수혁.

어느새 인비가 길 저쪽에 와 있다. 전화를 냉큼 받고 "엄마!" 하는 인비.

말이 안 떨어지는 수혁. 멍하니 전화기를 든 채 인비를 바라본다.

인비가 "엄마, 나 다 왔어. 집 앞이야"라며 다시 엄마에게

말을 건네지만, 대답 없는 엄마.

전화기를 든 채 저 앞에서 자신을 바라보는 아저씨를 예사롭지

않게 느끼는 인비. "엄마!"

수혁이 인비를 바라보며 전화기를 서서히 내린다.

인비가 "여보세요. 엄마!" 하고 다시 말을 건네면,

수혁이 든 전화기에서 인비의 목소리가 새어 나온다.

직접 말을 건네려 하지만 뭐라 말문을 열어야 할지 망설이는 수혁.

무슨 상황인지 당황스러운 인비.

인비 아저씨, 왜요?

인비의 질문에 몸이 굳어버린 수혁.

순간 자동차 불빛이 인비의 뒤쪽에서 다가오고,

심상치 않은 느낌으로 다가오는 자동차 쪽으로 시선을 옮기는 수혁.

네일건을 들고 자동차 선루프 위로 상반신을 드러낸 우진.
수혁이 무언가 자신을 겨누고 있는 것을 인지하고 인비를 보는 순간,
인비와 수혁 사이로 날아오는 네일건의 콘크리트 못들.
인비를 빠르게 본 후 우진의 조준점을 바꾸기 위해
길 가운데로 나와 서는 수혁.

우진이 차를 정면으로 보고 선 수혁을 향해 방아쇠를 당기면,
끼리리릭~ 소름 끼치는 소리와 함께 콘크리트 못이
수혁 쪽으로 날아와 여기저기 스치고 지나간다.
자신을 조준점이라는 것을 확인하고 바로 건너편으로 뛰는 수혁.

그대로 화단으로 몸을 날려 피하는 수혁.
인비를 지나, 수혁이 몸을 날려 피한 곳 옆쪽으로
빠르게 들어와 멈춰 서는 SUV.
수혁이 몸을 감춘 곳을 향해 그대로 다시 한번 방아쇠를 당기는 우진.
잠시 숨죽여 살핀다.
낮은 화단 뒤, 재활용 가구나 물품을 모으는 수거함 뒤로 몸을 엄폐한 채
우진과 인비 쪽을 빠르게 살피는 수혁.

우진은 수혁 쪽을 경계하며, 선루프를 통해 몸을 빼 차 밖으로 나오고..
수혁의 시선에 보이는 인비는 공포에 질려 허겁지겁 종종걸음으로
집을 향해 뛰어가다 SUV 뒤에 가려진다.

사이드미러를 통해 인비가 방향을 틀어 사라지는 모습을 보는 진아.
차창이 열리며 인비 쪽을 바라본다. 그녀의 시선으로 아파트 입구를 향해
빠른 걸음으로 가는 인비가 보인다. 다시 올라가는 차창.

수혁이 엄폐한 곳으로 다시 한번 네일건의 방아쇠가 당겨지고
끼리리릭~ 소리와 함께 날아가 박히는 콘크리트 못들.
살금살금 수혁 쪽으로 걸음을 옮기는 우진.
갑자기 모습을 드러내 우진에게 무엇인가 던지는 수혁.
갑자기 날아드는 물건에 몸을 움찔하며 바로 방아쇠를 당기는 우진.

날아드는 못을 피해 몸을 날려 모습을 감추는 수혁.
우진이 자세를 추스르며 수혁을 쫓기 시작한다.
차창이 닫힌 채 보이는 SUV.

51. 주공아파트, 107동 엘리베이터 입구 - 밤

엘리베이터 문이 열리고 얼른 안으로 들어가는 인비.
층수를 누르고 문이 닫히려는 순간,
엘리베이터 문 사이로 들어와 엘리베이터를 잡는 손.
문이 다시 열리고, 안에 서 있는 인비가 보인다.
엘리베이터에 타는 진아.
인비 뒤쪽에서 팔을 뻗어 눌려 있는 층수보다 한 층 높은 층수를 누른다.
급한 마음에 닫힘 버튼을 빠르게 누르는 인비.

무표정한 얼굴로 인비를 훑어보는 진아.

문 앞에 딱 붙어 올라가는 층수를 확인하는 인비.

52. 주공아파트, 단지 놀이터 - 밤

수혁이 사라진 아파트 단지 내부로 들어온 우진.

인적 없는 놀이터 안에서 조용히 주변을 살핀다.

[엘리베이터]

갑자기 울리는 전화벨 소리에 놀라는 진아와 인비.

인비에게 미소를 보이고 전화를 받는 진아.

우진(음성) (속삭이며) 나야.

진 아 응, 왜? 찾았어?

진아를 돌아봤다 무심히 외면하며 층수를 확인하는 인비.

[단지 안 공중전화 부스]

부스 안에서 조심스럽게 주변을 살피며

우 진 (속삭이며) 쥐새끼가 숨었어. 찾아야지.

진아(음성) (속삭이며) 응. 근데 왜?

우 진 (속삭이며) 그 새끼 차 움직이면 바로 전화하라고.

진아(음성) (속삭이며) 당연하지~

우 진 (속삭이며) 근데 우리 저녁 뭐 먹는다고?

53. 주공아파트, 107동 엘리베이터 안 - 밤

무표정하게 인비를 내려다보고 있는 진아.

진 아 (속삭이며) 빨리 찾기나 해. 맛난 거 사줄게~.

전화를 끊으며 인비를 내려다보는 진아.

54. 주공아파트, 단지 놀이터 - 밤

후미진 한쪽 구석에서 몸에 박힌 못을 뽑아내고 있는 수혁.

조심스럽게 모습을 드러내는 우진.
건물 벽에 한쪽으로 잡다한 물건들이 쌓여 있다.
막무가내로 그쪽으로 네일건을 발사해보는 우진.
쌓여 있는 물건 뒤로 몸을 감추고 있던 수혁 쪽으로 우진이 다가온다.

그때 우진 뒤로 플래시 불빛이 비추어지며 "거기, 뭐요?" 하는 소리.
수혁이 몸을 감추고 있는 쪽 바닥으로 플래시 불빛에 의해
우진의 그림자가 드리워진다.
비추어진 불빛에 자신의 형체가 상대에게 발각이라도 된 듯
불쾌한 감정으로 수혁이 있을 거라고 생각되는 지점에서
눈을 안 떼고 그대로 멈춰 선 우진.
그때 뒤에서 플래시 불빛을 흔들며 우진에게 다가서는 경비 아저씨.
"아, 거기 뭐 하는 거냐구요?"
목덜미를 타고 넘어온 불빛에 우진의 눈이 찡그려진 틈을 타,
저쪽에서 빠르게 뛰어나가는 수혁.
그대로 수혁이 뛰는 쪽으로 네일건을 난사하는 우진.
사라지는 수혁. 우진 고개만 뒤로 슬쩍 의식하고 경비에게,

우진 게임하는 거예요, 아저씨. 아, 눈부시게. 수고하세요!

하고는 빠르게 수혁을 따르는 우진.
순찰을 돌던 경비 어르신이 벙찐 얼굴로 사라지는 우진을 보고
뭐라 하며 플래시를 끈다.

S# 51	주공아파트, 놀이터 옆 등나무	2020.03.21 19:01	N	CUT
	경비의 등장에 돌아보는 우진, 그 틈을 타 뛰어가는 수혁. 그를 쫓는 우진		O	22

1

승모와 옆구리에 박힌 못을 뽑는 수혁.
고통을 참는다

수혁 머리 OS 옆구리 상처 -> 수혁 손 FOLLOW

상처에서 빠진 피 묻은 콘크리트 못.

-> 수혁 손에 들린 못 까지

2

승모에 박힌 못을 하나 더 빼는 수혁.

수혁 정면

3

잡다한 물건들이 쌓여 있는 엄폐물 뒤에
숨어있는 수혁.

엄폐물 너머 수혁 앉은 F.S

S# 51	주공아파트, 놀이터 옆 등나무	2020.03.21 19:01	N	CUT
	경비의 등장에 돌아보는 우진. 그 틈을 타 뛰어가는 수혁. 그를 쫓는 우진		O	22

4

조심스레 등나무 쪽으로 들어서는 우진.

<u>*등나무에 우진 프레임인 -> TRACKING ->*</u>

안쪽으로 다가간다.

<u>*-> 우진 정면 F.S 까지*</u>

5

물건이 쌓인 공간 쪽으로 향하는 우진.

<u>*우진 뒷모습 -> FOLLOW IN ->*</u>

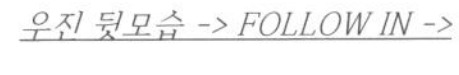

폴짝 뛰어 벤치 위로 올라간다.

<u>*-> 우진 벤치 위에 올라가는 것 까지*</u>

6

벤치 위에 올라가 주변을 살피는 우진.

<u>*우진 정면 FOLLOW BACK*</u>

S# 51	주공아파트, 놀이터 옆 등나무	2020.03.21 19:01	N	CUT
	경비의 등장에 돌아보는 우진, 그 틈을 타 뛰어가는 수혁. 그를 쫓는 우진		O	22

7

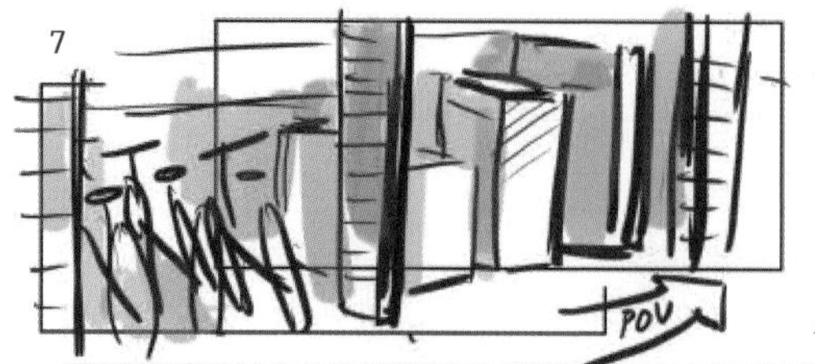

우진의 시점으로 보이는 자전거들과 엄폐물들.

우진 POV / 주차된 자전거 -> 쌓여있는 자재들

8

수혁이 있을 법한 엄폐물 쪽으로 다가가는 우진.

우진 정면 M.S

9

막무가내로 쌓여있는 자재들을 향해
네일건을 난사하는 우진.

우진 OS 쌓여있는 자재들

10

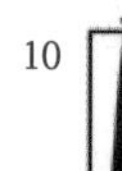

엄폐물 쪽으로 다가오는 우진.

쌓여있는 자재들 OS 우진 정면 F.S -> PAN ->

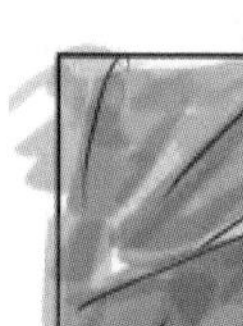

엄폐물 뒤에 숨 죽인 수혁.

-> 자재들 뒤에 숨은 수혁까지

S# 51	주공아파트, 놀이터 옆 등나무	2020.03.21 19:01	N	CUT
	경비의 등장에 돌아보는 우진, 그 틈을 타 뛰어가는 수혁. 그를 쫓는 우진		O	22

11

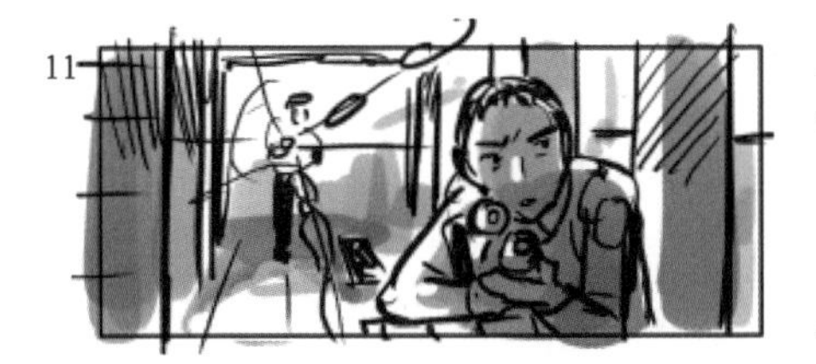

그때 우진 뒤통수로 후레쉬 불빛이 비추어 지며

경 비　　거기 뭐요?

우진 정면 -> 경비 정면 프레임 인 까지

12

경비의 후레시 불빛에 의해 컴컴했던 바닥에

수혁 POV / 까만 바닥 ->

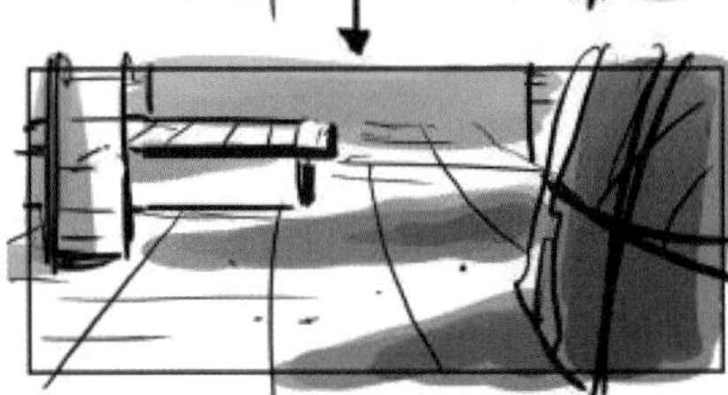

우진의 그림자가 생긴다.

-> 바닥에 우진 그림자 생기는 것 까지

13

엄폐물 뒤에 숨 죽이고 있는 수혁.

수혁 B.S

14

수혁이 있을 거라고 생각되는 지점에서
눈을 안 떼고 그대로 멈춰선 우진.
엄페물 뒤에 숨은 수혁과 한 앵글에 보인다.

우진 & 엄페물 뒤 수혁 F.S 까지

S# 51	주공아파트, 놀이터 옆 등나무	2020.03.21 19:01	N	CUT
	경비의 등장에 돌아보는 우진, 그 틈을 타 뛰어가는 수혁. 그를 쫓는 우진		O	22

15

자신의 그림자를 바라보는 우진.

우진 POV / 우진 그림자 K.S

16

경 비 아, 거기 뭐하는 거냐구요?

우진 정면 OS 경비아저씨 -> TRACK IN

17

경비아저씨의 그림자가 우진 그림자 옆으로
프레임 인 하고

수혁 POV / 바닥에 우진 그림자

18

이를 본 수혁.

-> 우진 B.C.U 까지

19

목덜미를 타고 넘어 온 후레쉬 불빛에
우진의 눈을 찡그려진다.

우진 B.C.U

S# 51	주공아파트, 놀이터 옆 등나무	2020.03.21 19:01	N	CUT
	경비의 등장에 돌아보는 우진. 그 틈을 타 뛰어가는 수혁. 그를 쫓는 우진		O	22

20

그 틈을 타 재빨리 일어나 코너 뒤로 도망치는 수혁.

우진 POV / 도망치는 수혁 뒷모습 F.S ->

수혁이 사라진 자리에 우진이 쏜 네일건 못이 마구 박힌다.

-> 수혁 사라지는 것 까지

21

코너를 돌아 도망치는 수혁.
수혁을 향해 네일건 쏘는 우진.

도망치는 수혁 OS 우진 정면 F.S

22

우 진 (경비 슬쩍 돌아보며 총 내린다)
게임하는 거예요, 아저씨.
아, 눈부시게.. 수고하세요~!!

빠르게 수혁을 쫓는 우진.

우진 M.S 걸고 경비 K.S

경 비 (궁시렁 궁시렁) 뭐래는 거야.
저 양반이..

-> 우진 프레임 아웃 ->
경비 후레시 끄는 것 까지

55. 주공아파트, 107동 엘리베이터 안 / 복도 - 밤

난감한 표정의 진아가 인비를 내려다보고 있다.
'띵!' 엘리베이터가 멈추자, 인비가 다급히 뛰어내려 앞쪽 복도에서 방향을 틀어 간다.
바로 조용히 따라 내리는 진아. 방향을 틀어 복도로 들어서면,
저 앞에 인비가 비밀번호 키를 누르고 집 안으로 들어간다.

56. 주공아파트, 인비네 집 안 - 밤

"엄마!"를 외치며 집 안 곳곳을 둘러보는 인비.
뭔가 잘못 됐음을 직감하고 어찌할 줄 모른다. "엄마..."

57. 주공아파트, 단지 내부 - 밤

아파트 단지 안쪽으로 들어서는 우진.
복도가 외부로 노출되어 있는 아파트가 고요하다.
주변을 살피면, 아파트 1층 센서 등이 복도를 따라 길게 불을 밝히고 있다.
좌에서 우로 차례로 꺼지는 센서등.
그 방향을 따라 아파트 입구 쪽으로 향하는 우진.
어두운 아파트 복도에 센서등이 다시 불을 밝힌다.
우측에서 좌측, 우진의 걸음 반대 방향으로 하나씩 점등하는...

우진, 복도 쪽을 향해 그대로 달려가 벽을 한 번에 뛰어넘는다.
중심을 잡으며 네일건을 겨누는 우진의 시선에 보이는, 킥보드를 탄 작은 아이.
고개를 돌려 무심한 표정으로 우진을 바라보는 아이.
둘 사이를 밝히던 센서등이 꺼지고..

아주 잠깐의 틈, 다시 센서등이 들어오면 손을 뻗어 우진의 뒤를 가리키는 아이.
복도 끝에서 센서등이 차례대로 켜지며 달려오는 수혁이 보인다.
돌아보는 우진의 정면에 박히는 수혁의 주먹.
뒤로 나가떨어지는 우진을 잡아채 복도 밖으로 내던진다.
허공에서 180도 돌아 바닥에 추락하는 우진.
수혁, 복도의 아이를 돌아본다.

58. 주공아파트, 인비네 집 앞 / 복도 - 밤

복도 난간에서 밑에 주차되어 있는 수혁의 차 위로 침을 모아 뱉는 진아.
몸을 일으켜 인비 아파트 쪽을 보며 중얼거린다. "안 좋아, 느낌이."

59. 주공아파트, 단지 내부 - 밤

정신을 잃고 축 늘어진 우진의 얼굴을 유심히 들여다보는 수혁.
우진의 재킷 안에서 휴대폰이 울린다. 말없이 전화를 받아보는 수혁.
상대도 말이 없다.

60. 주공아파트, 인비집 앞 복도 / 단지 내부 - 밤

긴장한 얼굴로 숨죽이고 우진의 말을 기다리는 진아.

/ 인터컷 / 우진의 휴대폰을 귀에 대고 숨죽이는 수혁.

역시 상대방의 반응을 기다린다.

잠시 적막한 침묵이 흐른 후,

수혁 너희 뭐야?

하는 순간, 전화를 끊어버리고 인비네 아파트 쪽으로 향하는 진아.

61. 주공아파트, 단지 내부 - 밤

통화가 끊어지고.. 발신자 표시엔 아무것도 찍혀 있지 않다.
통화 버튼을 눌러보지만 발신이 안 되고 통화 기록도, 저장된 전화번호도 없다.
기절한 우진을 보는 수혁.

62. 주공아파트, 인비네 집 앞 복도 / 단지 안 도로 - 밤

집을 나서려던 인비. '삐삐삐삐삐... 삐,삐,삐,삐' 하며

현관 잠금장치 키패드 누르는 소리가 빠르게 돌아가다,

느리게 일정한 간격으로 소리를 내더니 문이 열리며 진아가 보인다.

진아 아, 깜짝이야.

인비 손에는 휴대폰이 들려 있고, 번호 '11'이 찍힌 상태다.

예상치 못한 사람에 놀란 인비.

인비 누구세요, 아줌마?

진아 (황당한 표정으로 바뀌며) 뭐, 아줌마??

진아, 인비의 손안에 든 휴대폰을 확 낚아챈다.

[복도, 아파트 안]

다급히 달려와 민서의 아파트 현관 앞에 멈춰 서는 수혁.

현관문이 살짝 열려 있다.

집 안으로 빠르게 들어서 둘러보는 수혁.

텅 빈 집. 인비는 보이지 않는다. 집 안을 둘러보던 수혁이 멈춰 선다.

거실 장식장에 놓인 인비와 민서의 사진. 가슴이 아픈 수혁.

63. 주공아파트, 단지 어느 곳 / 단지 안 도로 - 밤

아파트 단지 안, 어느 후미진 곳에 세워져 있는 진아의 SUV.
뒷자리에 인비가 입과 손이 묶인 상태로 진아를 보고 있다.
인비의 전화기에서 통화 목록을 확인하는 진아.
마지막 통화 시간을 유심히 본다.
그때 갑자기 울리는 전화벨. 놀라는 진아.

진 아 아이씨.

'울엄마'로 뜨는 발신자 이름. 뒷자리의 인비를 힐끔 보고는
통화 연결 버튼을 누르고, 조용히 귀에 휴대폰을 가져다 대는 진아.
건너편에서 들려오는 수혁의 목소리. "여보세요."

진 아 (잠시 조용히 있다) 아빠?

[민서 아파트]

다시 한번 들려오는 짜증 섞인 목소리. "아빠냐고?"

수 혁 (차분한 상황 판단을 위해 숨을 고르며 뱉을 단어를 찾는다)
아이는?

[차 안]

진 아 아이, 잘 있지. 내 친구도 잘 있지?

진아가 룸미러를 내려 뒷자리에 묶인 채 눕혀져 있는 인비를 본다.

수혁(음성) 아직은.

진 아 그럼 귀찮게 전화하지 말고 기다려. 생각 좀 해야 하니까.

전화를 끊어버리는 진아.

인비의 휴대폰 배터리를 빼 옆자리로 던져버린다.

[민서 아파트]

어두운 거실. 수혁. 인비를 찾아야 한다.

[차 안]

진 아 짜증 나게 게 왜 또 두 명이야. 아, 복잡한 거 딱 싫은데.

꼬이는 상황에 짜증이 나는 진아. 인질이 된 인비.

64. 주공아파트, 입구 주차장 - 밤

수혁이 결박된 우진을 자동차 뒷좌석으로 구겨 넣는다.

쓰러지듯 뒷좌석에 몸을 누인 우진의 시선에,

바닥에 놓인 텀블러가 보이고 파란불이 번쩍인다.

주변을 둘러보며 자동차를 몰아 빠르게 아파트를 빠져나가는 수혁.

아파트 한쪽 구석에서 손에 리모컨을 들고,

멀어지는 수혁의 차를 바라보고 있는 진아.

우진이 수혁에게 잡혔다.

65. 도로 - 밤

수혁의 차가 달리고 있다. 자신의 손에 들린 민서의 휴대폰에서 '전원이 꺼져 있어..'라는 소리가 흘러나오자 통화 연결을 끊는 수혁.

룸미러를 내려 뒷좌석에 구겨져 있는 우진을 살피는 수혁.

우진의 시선에 파란불이던 텀블러 폭탄의 불빛이 꺼진다.

시선을 올려 룸미러로 자신을 보던 수혁과 눈이 마주친 우진.

비웃는 듯 기분 나쁜 미소를 흘린다.

66. 어느 공터 - 밤

공터로 먼지를 날리며 거칠게 들어와 서는 수혁의 차.

우진의 다리를 잡아 차 밖으로 끌어내 바닥에 내동댕이치는 수혁.
우진, 악을 쓰며 고통스럽게 뒤척이다 수혁을 노려본다.

수혁 어디로 갔어?

우진 몰라.

수혁 ....

우진 (기분 나쁘게 웃는다) 소용없어. 어차피 넌 죽을 거니까.

수혁 ....

우진 우린 한 번도 실패한 적이 없거든.

기분 나쁜 표정으로 노려보는 우진의 목덜미를 잡고 일으켜 세우는 수혁.

우진 왜, 뭐 하려고? 소용없어. 난 고통 같은 거 별로 못 느끼거든.

수혁이 우진의 왼쪽 팔을 잡아 돌리면, 우지끈-
우진의 어깨와 팔이 헝겊 인형처럼 덜렁거린다.
엄청난 고통에 벌떡 일어나 비명을 지르며 팔을 부여잡고
몸이 가는 대로 날뛰는 우진.

우진 (고통스럽다) 이 개새끼!! 개새끼!!

그런 우진의 머리채를 잡아 돌려세우고,

수혁 (휴대폰을 들이밀며) 전화해.

우진 (고통에 숨이 막히는데 웃음이 나온다.) ㅋㅋㅋ 안 돼.
그거 발신 안 되는 폰이야. 안 해봤어.

수혁이 잡았던 머리채를 놓아준다.

우진 (불안하다) 뭐? 어쩌라구?

순식간에 우진의 다리를 걷어 올리듯 차버리는 수혁.
그대로 몸이 붕 떴다 바닥으로 떨어지는 우진. 온몸으로 통증이 전해진다.
다시 비명을 지르는 우진.

우진 연락 올 거야. 내가 여기 있으니까 연락 올 거라구.
연락 온다고~~~!!! 이 개새끼야~~~!

순간, 우진의 휴대폰이 울린다.

우진 거봐! 내가 전화 올 거라고 했잖아.

때맞추어 울리는 전화벨이 너무 반가운 우진.
그런 우진을 잠시 보고 전화를 받는 수혁.

수혁 아이 바꿔.
진아(음성) 내 친구 바꿔.

수혁이 우진에게 잠시 시선을 던지면, 묘한 표정으로 통화를 지켜보고 있다.

발신번호

수 혁 인비부터 바꿔.

[달리는 진아 차 안]

진 아 애 이름이 인비야? 귀엽네, 인비.
내 친구부터 바꿔. 그게 순서가 맞아. 아님 끊을까 전화?

[공터]

잠시 생각하다 통화 모드를 스피커폰으로 바꿔,
차에 기대어 앉은 우진의 입 앞에 가져다 댄다.

우 진 스피커폰이야.
진아(음성) (큰 소리로 한참을 웃더니) 괜찮아?
우 진 아니. (수혁을 보며) 이 새끼가 내 어깨를 작살냈어.
완전 지랄 같은 새끼네, 이거.

통화에 끼어드는 수혁.

수 혁 만나. 아이만 무사하게 해줘.
진아(음성) 그래? 근데 넌 죽어야지.
우 진 (옆에서 웃는다) 맞아. 넌 죽어야지.
수 혁 카이저호텔에서 만나.

67. 진아 아지트 앞 도로 / 외부 - 밤

진아 뭔 호텔에서 만나? 쓸데없는 생각 말고 기다려.
내 친구 배고플 거니까 밥 좀 먹이고,
아빠답게 적당히 슬퍼하고 걱정하면서 기다리고 있어.

바로 전화를 끊어버리는 진아. 아지트로 들어서는 진아의 차.

68. 어느 공터 - 밤

차 앞바퀴 쪽에 기대어 앉은 우진,
그 앞에 마주 보고 쭈그리고 앉은 수혁.

우진 이게 다 뭔 짓이야.
이러지 말고 여기서 날 놔주면 내가 친구 만나서 아이 놔줄게.
그리고 처음부터 다시 시작하자. 애도 불쌍하고 복잡하게 이게 뭐냐고?
우리가 너만 깔끔하게 처리해주고 끝낼게.

수혁 ....

우진 (어깨를 부여잡으며) 싫어? 그럼 이거 다시 넣어주고
밥이나 먹으러 가자. 진짜 배고파.

차가운 얼굴로 우진을 보던 수혁,
우진의 목을 잡고 조르듯 뒤로 밀어버리자 우진의 고개가 뒤로 젖혀진다.

우진 너...너....너, 내 친구 말 안 들을 거야??

감당할 수 없는 분노로 당장에라도 우진을 죽여버리고 싶은 수혁.
순간 쥐고 있던 우진의 목에 힘을 가해 밀어버리듯 일어선다.
수혁, 호흡을 가다듬고 뒷걸음치며 옆구리에 손을 넣었다 빼보면
아까 입은 상처에서 피가 배어 나오고 있다.

69. 진아 아지트, 실내 - 밤

인비의 눈앞에 거대한 진돗개 한 마리가 인비를 마주 보고 있다.
벽에 기대어 잔뜩 겁에 질린 표정의 인비.
쉬쉬~ 소리가 나는 방향을 바라보면 하얀 연기가 가득 뿜어져 나온다.
전자담배 연기를 뿜으며, 옷을 갈아입고 한 손에 담요를 들고 다가오는 진아.

진아 (다가오며) 니 아빠 성격 지랄 맞다, 얘.
인비 저 아빠 없어요.
진아 그럼 아까 그 아저씨 뭔데 그렇게 지랄이야?
인비 몰라요. 저 왜 납치했어요, 언니? 우리 집에 돈 없어요.

진아, 인비 앞의 개 쇼이를 쓰다듬으며 옆으로 쪼그려 앉는다.

진아 넌 내가 돈 때문에 애들이나 납치하는 쓰레기로 보이니?
얘 웃기네.

인비　　....

진아　　너 이게 얼마짜리 옷인 줄 알아?

인비　　아니요. 기분 나빴다면 용서하세요, 언니.

전 그냥 우리 엄마가 걱정할까 봐 그게 걱정이 돼서.. 그래서...

울음이 나올 것 같은 인비. 꾹 참는다.

진아　　얘, 괜찮아. 엄마는 걱정하라고 있는 거야.

인비　　언니, 엄마도 걱정할 거예요. 언니가 나쁜 일 하면.

진아　　....

인비　　우리 엄마는 많이 아프다고 했어요. 그래서 제가 꼭 옆에 있어줘야..

진아　　세상에 안 아픈 사람은 없어. 인지야.

인비　　제 이름은 인비예요.

진아　　일어나.

인비의 손을 잡고 아지트 한쪽 바닥에 놓인 대관람차 박스로 데리고 가 그 안에 인비를 넣는 진아.

진아　　인비야, 나도 너랑 둘이 있는 거 아주 불편하고 싫어.

근데 그 아저씨 때문에 어쩌다 이렇게 됐으니

서로 좀 참고 빨리 헤어질 수 있도록 해보자.

인비　　네, 고마워요. 언니 이름은 뭐예요?

진아　　응, 몰라도 돼.

쇼이가 진아 뒤를 따른다.

진아　　자, 여기가 손님방.
여기서 함부로 나오면 얘가 널 물어 죽일 거야.

관람차에 인비를 들여보내고 가져온 담요를 넣어주고 문을 닫는 진아.
손가락을 튕기자 조용하게 있던 쇼이가 당장에라도 물어뜯을 것처럼 달려든다.
소스라치게 놀라 뒤로 잔뜩 움츠리는 인비.
바로 앞, 대관람차 아크릴 투명판 너머로 침을 질질 흘리며 위협하는 쇼이.

진아　　(휘파람을 불며) 쇼이!

진아의 한마디에 언제 그랬냐는 듯 조용히 주저앉는 쇼이.
인비, 두려운 눈으로 진아를 바라보면,

진아　　잠 좀 자. 자고 일어나면 집에 갈 수 있을 거야.

진아가 내뿜는 전자담배 연기가 뭉게뭉게~ 두 사람 사이를 채운다.

5

S# 66	진아 아지트, 안	2020.03.21 20:25	N	CUT
	쇼이를 이용해 인비를 위협하며 공포에 몰아 넣는 진아		O	22

1

인비 눈앞에 거대한 개 한 마리가
인비를 마주보고 있다.

인비 POV / 다가오는 쇼이 정면 F.S ->
FOLLOW PAN ->

팔로우
쇼이 OS

-> 쇼이 OS 인비 앉은 F.S 까지

2

벽에 기대어 잔뜩 겁에 질린 표정의 인비.

인비 타이트

3

작은 방에서 옷을 갈아입고 나오는 진아.

방에서 나오는 진아 F.S ->

-> 진아 OS 인비&쇼이 F.S 까지

S# 66	진아 아지트, 안	2020.03.21 20:25	N	CUT
	쇼이를 이용해 인비를 위협하며 공포에 몰아 넣는 진아		O	22

4

진 아 (다가오며) 니 아빠 성격 지랄 맞다, 얘.

진아 정면 FOLLOW BACK

5

인 비 저 아빠 없어요.

인비 단독 -> 인비 대사 끝나고
진아 다리 프레임인

6

진 아 그럼 아까 그 아저씨 뭔데
그렇게 지랄이야?

앙각 / 인비 POV / 진아 W.S

7

인 비 몰라요. 저 왜 납치 했어요, 언니?
우리 집에 돈 없어요.

약부감 / 인비 단독

8

인비 앞에 쪼그려 앉는 진아.

앙각 / 인비 POV / 진아 W.S

S# 66	진아 아지트, 안	2020.03.21 20:25	N	CUT
	쇼이를 이용해 인비를 위협하며 공포에 몰아 넣는 진아		O	22

9

진 아　넌 내가 돈 때문에 애들이나 납치하는 쓰레기로 보이니? 얘 웃기네.
인 비　..
진 아　너 이게 얼마짜리 옷 인줄 알아?
인 비　아니요. 기분 나빴다면 용서하세요, 언니. 전 그냥 우리 엄마가 걱정할까봐 그게 걱정이 돼서.. 그래서...

진아 & 인비 측면 2SHOT

10

울음이 나올 것 같은 인비. 꾹 참는다.

진 아　얘, 괜찮아. 엄마는 걱정하라고 있는 거야.
인 비　언니, 엄마도 걱정할거예요. 언니가 나쁜 일 하면.

인비 단독 / **<진아와 교차 편집>**

11

진 아　.....
인 비　우리 엄마는 많이 아프다고 했어요. 그래서 제가 꼭 옆에 있어줘야..
진 아　세상에 안 아픈 사람은 없어. 인지야.

진아 단독 / **<인비와 교차 편집>**

12

인 비　제 이름은 인비예요.

인비 측면 M.S -> 진아 측면으로 프레임 인 ->

진 아　일어나.

->측면 2SHOT -> 진아 일어서는 것 까지

S# 66	진아 아지트, 안	2020.03.21 20:26	N	CUT
	쇼이를 이용해 인비를 위협하며 공포에 몰아 넣는 진아		O	22

13

인비의 손을 잡고어디론가 향하는 진아.

진 아 　인비야, 나도 너랑 둘이 있는 거
아주 불편하고 싫어. 근데 그 아저씨 때문에
어쩌다 이렇게 됐으니 서로 좀 참고
빨리 헤어질 수 있도록 해보자.

진아 & 인비 벽 위로 프레임인 ->
FOLLOW TRACKING ->

인비의 손을 잡고 중앙통로로 나오는 진아.

인 비 　네, 고마워요. 언니 이름은 뭐예요?

중앙통로로 나오는 두 사람 FOLLOW TRACKING ->

수영장을 지나 걸어가는 두 사람.

진 아 　응, 몰라도 돼.

-> 대관람차로 다가가는 두 사람 뒷모습 ->

14

대관람차 박스로 데리고 가 그 안에 인비를 넣는 진아.
가져온 담요를 넣어주고 문을 닫는다.

-> 대관람차에 인비 태우는 것 까지

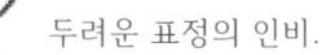

두려운 표정의 인비.

대관람차 안 인비 W.S ->

S# 66	진아 아지트, 안	2020.03.21 20:26	N	CUT
	쇼이를 이용해 인비를 위협하며 공포에 몰아 넣는 진아		O	22

15

진 아 자, 여기가 손님 방.
여기서 함부로 나오면 얘가 널 물어 죽일 거야.

인비 POV / 대관람차 밖 진아 -> TILT DOWN ->

진아 옆에 서있는 쇼이.

-> 진아 옆 쇼이까지

16

진아가 손가락을 튕기자

손가락 튕기는 진아 손 C.U

17

조용하게 있던 쇼이가 당장이라도
물어뜯을 것처럼 달려든다.
한 발 뒤로 물러서는 진아.

진아&쇼이 측면 F.S ->
대관람차 속 인비 & 쇼이 측면 2SHOT 까지

18

소스라치게 놀라 벽으로 잔뜩 움츠리는 인비.

인비 단독 W.S

S# 66	진아 아지트, 안	2020.03.21 20:26	N	CUT
	쇼이를 이용해 인비를 위협하며 공포에 몰아 넣는 진아		O	22

19

바로 앞, 대관람차 아크릴 투명판 너머로
침을 질질 흘리며 위협하는 쇼이.

진 아 (휘파람을 불며) 쇼이!

진아의 한 마디에 언제 그랬냐는 듯 조용해지는 쇼이.

인비 POV / 아크릴 판 너머 짖어대는 쇼이 ->

다시 다가와 인비를 바라보는 진아.

-> 쇼이 뒤로 물러나고 진아 다가오는 것 까지

20

인비, 두려운 눈으로 진아를 바라보면

손가락 튕기는 진아 손 C.U

21

진 아 잠 좀 자. 자고 일어나면
집에 갈 수 있을 거야.

전자담배를 한모금 깊게 빨고 내뱉는 진아.

진아 W.S

22

진아가 내뿜는 전자담배 연기가 뭉게뭉게~
두 사람 사이를 채운다.

인비 단독 -> 전자담배 연기 자욱해지는 것 까지

70. 응국의 공간 - 밤

응국 소유의 어느 곳.

시원스럽게 시야가 열려 있는 곳. 야영용 의자와 테이블들로 꾸며져 있다.

드럼통에 불을 피우고 고기를 굽고 있는 안마남.

응국이 노년의 남자와 낮은 테이블을 사이에 두고 앉아 있다.

노 인 임대료를 어떻게 해야 할지...

응국 건물이 비면 비는 거지. 임대료 내리면 나중에
건물값이고 뭐고 다 망가져요.
건물이 먼저지 사람이 먼저인가!

노 인 그래도 들어와서 장사하는 사람들도 남는 게 있어야..

응국 쓸데없는 소리 말고 가요!

노신사, 애써 미소 짓는 얼굴로 자리에서 일어난다.

[Cut to]

성준이 컨테이너를 돌아 응국에게 다가가고, 노인이 성준을 스쳐 지나간다.

성준이 다가오면,

응국 앉아.

성준이 응국 맞은편에 앉으면,

응국 노인네가 죽을 때가 됐나... 아, 그 뭐냐.. 교회에 불이 났다며?

성준 네.

응국 이제 건설사 놈들이 쥐어짜는 소리는 안 하겠네..

그 목사라는 놈이 예수는 안 믿고 돈만 믿고 있으니.

예수 팔아서 무슨 재벌이 될라고.. 새끼가.

성준 (함박웃음 보이며) 네, 아주 잘 정리됐습니다.

응국 재미있지 않냐.. 사람 죽어나가는 자리에

살아보지도 못하는 아파트다 쇼핑몰이다 올라가고...

이게 우리 삶이.... 참, 묘해.

성준 설치 상황 보고드리겠습니다.

성준이 아이패드의 영상을 재생시켜 응국에게 보인다.
화면 안 휘황찬란한 조명이 휘감고 있는 호텔 외부에서 이어져
호텔 내부로 들어가면, 웅장한 규모로 천장에 매달린 샹들리에가
환하게 불을 밝히고 로비 중앙에 거대한 조각상이 한눈에 들어온다.
창을 들고 한곳을 응시하고 있는 거대한 조각상.
응국의 만면에 미소가 퍼지며 웃음으로 바뀐다.

성준 내부 인테리어 공사 마무리하면 1주 뒤부터 임시 오픈 가능합니다.

한 주 정도 가오픈 후 정식 오픈하면 될 것 같습니다.

응국 ㅎㅎㅎㅎ 강 이사...

성준 네?

응국 ㅎㅎㅎㅎ 안 웃겨? 이거.

응국의 말에 뭐지 싶어 긴장하며 화면을 보는 성준.

화면 안, 호텔 공사 현장 곳곳에 도열해 있거나, 작업을 지켜보며 참견질하는 보안팀 어깨들이 눈에 띄게 보인다.

성준	네.. 알겠습니다. 안 보이게 치우겠습니다.
응국	강 이사, 강 이사가 최고다.
성준	네. 감사합니다, 회장님.
응국	그리고 나는 이제 집에서 잘 거야. 호텔업에 주인이 자꾸 자면 부정 탄다더만.

함박웃음으로 고개 숙이며 인사하는 성준.

응국	(문득 생각난 듯) 참, 그..
성준	네.
응국	그.. 걔들.
성준	누구..?
응국	그 뭐냐? 아니다..
성준	아, 세탁기요?
응국	어, 그래! 걔들. 걔들이 강 이사에 대해서.. 뭘 많이 아나?
성준	아니요.
응국	그래. 거리 두고 써먹어야 한다. 비즈니스에서 잡일하는 애들은 멀리 두는 게 좋아. 원청과 하청이 그냥 있는 거겠어.
성준	네, 명심하겠습니다.

응국 그래, 그럼 가봐.

응국이 골프채를 휘둘러 멋지게 샷을 한다.

71. 카이저호텔, 성준 사무실 - 밤

책상에 놓인 모니터에서
영화 〈스카페이스〉의 'The World is Yours' 장면이 흘러나오고
성준이 손에 휴대폰을 든 채 화면에 시선을 고정하고 있다.

성준 이 새끼, 왜 연락이 없어?

자리에서 일어나 밖으로 나가는 성준.
나가는 성준 너머 창밖으로 호텔 오픈을 알리는 애드벌룬이 지나간다.

72. 카이저호텔, 로비 / 진입로 - 밤

[카이저 호텔 로비]

엘리베이터에서 내려 로비로 들어서며 전화를 걸고 있는 성준.
게르가 분수대 앞 계단에 앉아 흐미를 부르며, 성준을 바라보고 있다.

성준　　넌 이 시간에 뭐 한다고 안 자고 그걸 처불고 앉아 있냐?
(혼잣말) 저것도 캐릭터 참...

[도로 어딘가]

통증을 참으며 조수석에 구겨져 있는 우진의 안면이 쉴 새 없이 씰룩거린다.
가로등에 비치는 수혁의 눈빛이 날카롭게 빛나고,
우진의 휴대폰이 요란하게 울린다.
수신 후 스피커폰 모드로 바꾸는 수혁.
수혁과 우진 얼굴 위로 성준의 소리가 들린다.

성준(소리)　(신호가 가고 잠시 후) 야! 넌 왜 전화가 없어.
어떻게 됐어?
우진　　문자로 하라니까 병신...

[카이저호텔 로비]

잘 들리지 않는 전화 소리에.

성준　　(휴대폰 화면을 확인하며) 뭐?? 여보세요. 여보세.. 야이! 새끼야!
왜 대꾸를 안 해?

순식간에 얼어붙는 성준의 얼굴. 바로 말을 잇지 못하고 휴대폰 화면을 확인한다.

성준 (조심스럽게) 여보세요..

숨죽여 상대의 말을 기다리는 성준 뒤에서 무섭게 자동차 엔진음이 들려온다.
성준이 미간을 찌푸리며 돌아보면,
콰쾅!!!

수혁의 차가 호텔 입구를 박살 내며 로비로 치고 들어온다.
그대로 몸을 날려 차를 피하는 성준.
로비 양쪽에 놓인 분수대 사이를 지나 깊숙이 들어와 멈춰 서는 수혁의 차.
몸을 추슬러 수혁의 차 뒤쪽에서 상황 파악을 해보려는 성준.
룸미러를 통해 그런 성준의 모습이 보이고,
보안요원들은 멈춘 수혁의 차로 다가선다.
차 안의 사람이 반응이 없자, 끌어내리기 위해 달려들기
시작하는 보안요원들.
바로 후진 기어를 넣고 차를 급발진시키는 수혁.
뒷좌석에서 몸을 추스르기 위해 버둥거리는 우진.
수혁이 핸들을 급하게 돌리며 핸드브레이크를 올리면,
차체가 180도 돌며 차에 붙었던 보안요원들이 나가떨어지고
수혁의 차와 성준이 마주 보는 형태가 된다.

그때 조수석 쪽으로 다가선 게르가 문을 열기 위해 깨진 유리
안으로 손을 밀어 넣자, 이를 보고 바로 차를 급발진시키는 수혁.
게르가 깨진 유리 안으로 몸을 걸치며 매달린다.
차가 급하게 회전하자 문이 열리며 나가떨어지는 게르.

바닥에 떨어지자마자 바로 몸을 일으키며 차 안의 수혁을 바라보는 게르.

운전석에 앉은 수혁. 놀라 어쩔 줄 모르는 성준.
수혁을 경계하는 게르와 보안요원들.
순차적으로 인물들에게 줌인이 들어가며 화면이 교차되고,
수혁의 차가 공회전을 하며 부릉거린다.
순간 수혁의 차로 달려드는 게르와 보안요원들.
부릉~ 튀어나가며 드리프트를 시작하는 수혁의 차.
분수대가 마주 보고 있는 로비 중앙 공간에서, 등에 매달린
맹수들을 떼어내기 위해 날뛰는 물소처럼 요동치는 수혁의 차.
매달린 보안요원들과 게르가 나가떨어지고 치이며 빠르게 제압된다.
마지막으로 한쪽 분수대 모서리에 충돌하며 멈춰 서는 수혁의 차.
충격으로 튕겨 나가떨어지는 게르.
뒷좌석에서 결박된 우진이 좌우로 출렁거린다.

반대편 분수대 쪽에서 사태를 지켜보던 성준이 자리를 피해
엘리베이터 쪽으로 뛰기 시작한다.
성준을 발견하고 굉음을 내며 차를 돌리는 수혁.
차를 90도 회전하면, 성준의 몸이 수혁 차에 부딪혀 날아가
한쪽 분수대 안으로 처박힌다.

분수대 안 물속에서 일어나려고 버둥거리는 성준.
어느새 차에서 내린 수혁이 성준의 가슴을 그대로 발로 밟아 물속에 가둔다.
물속에서 괴로워하는 성준. 숨이 막혀온다.

S# 69	카이저 호텔, 로비	2020.03.22 05:14	N	CUT
	로비로 돌진하는 수혁 차, 아수라장이 되는 호텔. 게르와 수혁이 붙은 틈을 타 자신의 사무실에서 클레이 총을 가져 오는 성준. 로비로 내려와 총을 마구 갈겨 댄다.		O	85

10

와장창 로비 문을 다 부수고 들어오는 수혁 차.

성준 OS 수혁 차 정면 F.S -> TRACKING & FOLLOW PAN ->

로비로 돌진하는 수혁 차.

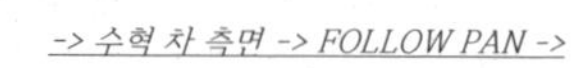

-> 수혁 차 측면 -> FOLLOW PAN ->

쾅! 하고 로비 끄트머리에 가서 차를 박고 멈춰서는 수혁 차.

-> EV 앞에 수혁 차 멈추고 -> 수평 TRACKING ->

터벅터벅 성준이 화면으로 들어온다.

-> 수혁 차 뒷부 F.S -> 성준 뒷모습으로 프레임인

S# 69	카이저 호텔, 로비	2020.03.22 05:14	N	CUT
	로비로 돌진하는 수혁 차, 아수라장이 되는 호텔. 게르와 수혁이 붙은 틈을 타 자신의 사무실에서 클레이 총을 가겨 오는 성준. 로비로 내려와 총을 마구 갈겨 댄다.		O	85

11

로비 끝에 멈춘 수혁의 차.
차 안의 수혁과 충격에 찌그러져 있는 우진.

수혁 정면 W.S -> BOOM UP ->

수혁 차 너머로 보이는 성준.

-> 수혁 차 너머 성준 F.S 까지

12

도대체 이게 뭔 상황인가 멍한 표정의 성준.

어벙벙한 표정의 성준 정면 M.S

13

로비를 박살내고도 담담한 표정의 수혁.
보안팀 어깨들이 수혁 차로 달려들기 시작한다.

수혁 정측면 M.S

14

멈춘 수혁 차 앞, 옆으로 달려드는 어깨들.

수혁 OS 앞유리창 -> 어깨들 달려드는 것 까지

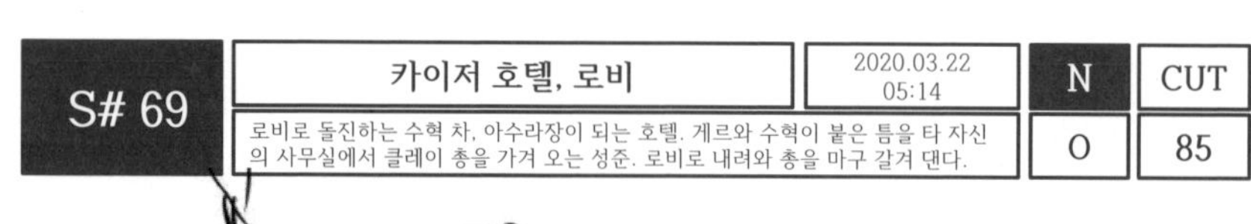

15

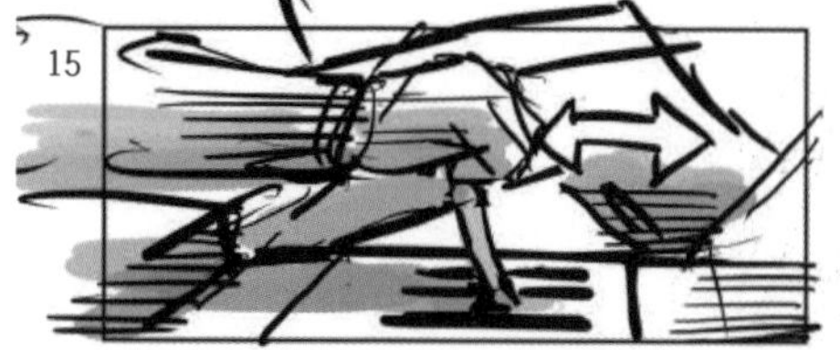

기어 바꾸는 수혁 손.

기어 바꾸는 수혁 손 타이트 (기어박스 측면)

16

엑셀을 꾹 밟는 수혁.

엑셀 밟는 수혁 발 타이트

17

공회전하는 수혁 차.

공회전하는 수혁 차 바퀴 타이트 ***(특효 = 연기)***

18

수혁 차 뒷좌석에서 이리저리 구르고 있는 우진.

뒷좌석 우진 W.S -> 우진 FOLLOW PAN ->

수혁 차가 급 후진하자 아래로 굴러 떨어지는 우진.

-> 굴러 떨어지는 우진 FOLLOW 까지
(수혁 차 움직이는 것에 따른 우진 반응 추가될 수 있음)

S# 69	카이저 호텔, 로비	2020.03.22 05:15	N	CUT
	로비로 돌진하는 수혁 차, 아수라장이 되는 호텔. 게르와 수혁이 붙은 틈을 타 자신의 사무실에서 클레이 총을 가져 오는 성준. 로비로 내려와 총을 마구 갈겨 댄다.		O	85

19

끼익, 후진하는 수혁 차.

수혁 차 정면 T.F.S -> 후진하는 수혁 차 ->

차에 매달려있던 어깨들 중 몇 명은 떨어져 나가고, 몇 명은 그대로 붙어 끌려간다.

-> J턴 하는 것까지

20

후진하는 수혁 차.
나가 떨어지는 어깨들.

후진하는 수혁 차 뒷부 ->
J턴하는 수혁 차 ->

끼익 서는 수혁 차.

-> 수혁 차 J턴 & CAMERA 는 수혁 차 정면 쪽으로 반원 MOVING

21

수혁 맞은 편에 성준이 서있다.

수혁 OS 앞유리창 너머 성준 K.S

S# 69	카이저 호텔, 로비	2020.03.22 05:15	N	CUT
	로비로 돌진하는 수혁 차, 아수라장이 되는 호텔. 게르와 수혁이 붙은 틈을 타 자신의 사무실에서 클레이 총을 가져 오는 성준. 로비로 내려와 총을 마구 갈겨 댄다.		O	85

22

성준과 눈을 마주치는 수혁.
뒷좌석엔 겁먹은 우진.

수혁 정면 W.S & 뒷좌석 우진까지

23

대치하는 수혁과 성준.
어깨들이 다시 수혁 차로 달려들고

수혁 차 & 성준 측면 F.S ->
달려드는 어깨들 ->

게르도 보조석을 향해 달려든다.

-> 보조석 깨진 창을 향해 달려드는 게르 ->
수혁 차 다시 출발하는 것 까지

24

수혁을 잡아 내리려 차에 매달리는 게르.
가차없이 차를 출발시키는 수혁.

수혁 측면 걸고 차에 매달린 게르 T.F.S

S# 69	카이저 호텔, 로비	2020.03.22 05:15	N	CUT
	로비로 돌진하는 수혁 차, 아수라장이 되는 호텔. 게르와 수혁이 붙은 틈을 타 자신의 사무실에서 클레이 총을 가져 오는 성준. 로비로 내려와 총을 마구 갈겨 댄다.		O	85

25

수혁 차가 게르를 매달고 출발하는 순간, 어깨1이 차 트렁크 쪽에 달려든다.

차 & 게르 뒷측면 T.F.S ->

차 엉덩이가 돌자마자 떨어지는 어깨 1.

-> 차 엉덩이를 프레임 오른쪽으로 돌리는 수혁 ->
CAMERA는 왼쪽으로 MOVING ->

수혁 차가 마구 도는데도
끈질기게 매달려 있는 게르.

-> 수혁 차 180도 돌려 정면까지 ->
수혁 차 멈추기 직전 게르 보조석에 매달려 있고->

차 엉덩이를 다 돌려 급정거하는 수혁 차.
그 반동으로 보조석 문이 열리면서 매달려 있던 게르가 뒤로 나가 떨어진다.

-> 수혁 차 급정거 하자 게르 매달린 채 열리는
보조석 문 -> 반동으로 나가 떨어지는 게르 ->

차에서 나가 떨어진 게르. 벽에 쾅 부딪힌다.

-> 게르 FOLLOW PAN ->
어딘가 부딪히는 것 까지

S# 69	카이저 호텔, 로비	2020.03.22 05:15	N	CUT
	로비로 돌진하는 수혁 차. 아수라장이 되는 호텔. 게르와 수혁이 붙은 틈을 타 자신의 사무실에서 클레이 총을 가져 오는 성준. 로비로 내려와 총을 마구 갈겨 댄다.		O	85

26

벽에 부딪힌 게르. 바로 일어난다.

열린 보조석 문 틈으로 보이는 게르 F.S

27

스윽 일어나 수혁을 바라보는 게르.

게르 단독

28

게르를 바라보다 이내 시선을 돌려
다시 움직일 준비하는 수혁.

수혁 측면 W.S / 게르 보다가 시선 정면->

수혁, 기어를 바꾸며 몸이 앞뒤로 흔들린다.
거칠게 공회전하는 수혁 차.

-> 수혁 위주로 거친 ZOOM IN

29

수혁 차를 향해 위협적으로
슬금슬금 다가오는 어깨들.

수혁 차를 향해 달려들 기세의
어깨2,3 -> PAN ->
보안팀장 위주로 거친 ZOOM IN

S# 69	카이저 호텔, 로비	2020.03.22 05:15	N	CUT
	로비로 돌진하는 수혁 차, 아수라장이 되는 호텔. 게르와 수혁이 붙은 틈을 타 자신의 사무실에서 클레이 총을 가져 오는 성준. 로비로 내려와 총을 마구 갈겨 댄다.		O	85

30

이를 지켜보는 성준.

기둥 뒤 성준 W.S -> 거친 ZOOM IN

31

수혁을 노려보는 게르.

게르 W.S -> 거친 ZOOM IN

32

빠르게 본네트에 올라타는 게르.

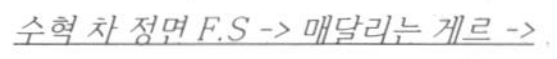

수혁 차 정면 F.S -> 매달리는 게르 ->

후진하기 위해 기어 넣고 공회전 하는 수혁 차.

-> 수혁 차 FOLLOW PAN ->

33

후진하기 직전 수혁 차로 달려드는 어깨들.

수혁 차 뒷측면 F.S -> 어깨들 매달리는 것 까지

S# 69	카이저 호텔, 로비	2020.03.22 05:16	N	CUT
	로비로 돌진하는 수혁 차, 아수라장이 되는 호텔. 게르와 수혁이 붙은 틈을 타 자신의 사무실에서 클레이 총을 가져 오는 성준. 로비로 내려와 총을 마구 갈겨 댄다.		O	85

34

수혁이 거칠게 차를 후진하며 드리프트하자, 게르를 제외하고 후드득 나가 떨어지는 어깨들.

수혁 차 정측면 F.S -> 수혁 차 후진 ->

차량 (머리를) 왼쪽으로 돌리기 시작한다.

-> 빠른 속도로 회전하는 수혁 차 T.F.S

35

차량 (머리)를 왼쪽으로 돌리며 180도 도는 수혁 차. 주변 어깨들을 쓰러트린다.

부감 / 차량 (머리)가 왼쪽으로 도는 수혁 차 -> CAMERA는 오른쪽으로 돈다 ->

계속 도는 수혁 차. 그때, 게르가 번쩍 날아올라 수혁 차 본네트에 올라탄다.

-> 수혁 차 본네트 위로 뛰어오르는 게르 ->

게르를 본네트에 매달고 도는 수혁 차.

-> 게르를 본네트에 매단 채 빙그르 도는 수혁 차 ->

S# 69	카이저 호텔, 로비	2020.03.22 05:16	N	CUT
	로비로 돌진하는 수혁 차, 아수라장이 되는 호텔. 게르와 수혁이 붙은 틈을 타 자신의 사무실에서 클레이 총을 가져 오는 성준. 로비로 내려와 총을 마구 갈겨 댄다.		O	85

36

본네트에 매달려 버티는 게르.

수혁 OS 앞유리창에 매달린 게르.->
계속 도는 수혁 차 ->

수혁 차가 빠른 속도로 돌다
급정거하자 손을 놓치고 떨어지는 게르.

-> 수혁 OS 게르 FOLLOW TRACKING ->

본네트에서 떨어져 나와 분수대 옆으로 굴러
떨어지는 게르.

-> 굴러 떨어지는 게르 FOLLOW TRACKING 까지

37

룸미러로 뒤를 보는 수혁.

수혁 단독 B.S

38

게르까지 나가 떨어지는 걸 본 겁 먹은 성준.

룸미러 속 성준 K.S

S# 69	카이저 호텔, 로비	2020.03.22 05:16	N	CUT
	로비로 돌진하는 수혁 차, 아수라장이 되는 호텔. 게르와 수혁이 붙은 틈을 타 자신의 사무실에서 클레이 총을 가져 오는 성준. 로비로 내려와 총을 마구 갈겨 댄다.		O	85

39

수혁이 자신을 보고 있음을 느낀 성준.
겁에 질려 도망치려 한다.

성준 다리 OS 수혁 차 뒷측면 F.S ->

빠른 속도로 후진하며 (차 머리를) 오른쪽으로 빙그르 돌리는 수혁 차.

수혁 차 뒷부 F.S -> 후진하면서 반바퀴 도는 수혁 차 & 반대 방향으로 뛰는 성준 뒷모습 ->

한 바퀴 돌아 멈춘 수혁 차.
성준은 멈춘 수혁차를 보고 뛴다.

멈춘 수혁 차 뒷부 F.S -> 수혁 차 후진 FOLLOW BACK & CAMERA 우TRACKING ->
<어느 순간 배우 -> 대역 교체해야 함. 컷같이>

차 후진시키며 동시에 (차 머리를) 오른쪽으로 회전 시키는 수혁.
수혁 차 앞머리에 부딪히는 성준.

-> 수혁 차(머리)에 부딪히는 성준 측면 F.S -> 성준 FOLLOW PAN & 우 TRACKING ->

분수대까지 날아가는 성준.
반바퀴 더 돌아 멈추는 수혁 차.

수혁 차(머리)에 부딪히는 성준 측면 F.S -> -> 성준 FOLLOW PAN & 우 TRACKING -> 성준 분수대에 떨어지는 것 까지

S# 69	카이저 호텔, 로비	2020.03.22 05:17	N	CUT
	로비로 돌진하는 수혁 차. 아수라장이 되는 호텔. 게르와 수혁이 붙은 틈을 타 자신의 사무실에서 클레이 총을 가져 오는 성준. 로비로 내려와 총을 마구 갈겨 댄다.		O	85

40

분수대에 첨벙 빠지는 성준.

부감 / 분수대에 빠지는 성준 F.S

41

차에서 내리는 수혁.

차 지붕 걸고 BOOM UP / 수혁 머리 OS 성준 F.S

42

물에서 빠져나오려던 성준을 발로 꾹 밟아 못 나오게 하는 수혁.

부감 / 물에서 빠져나오려는 성준 ->
수혁 발 프레임인 ->

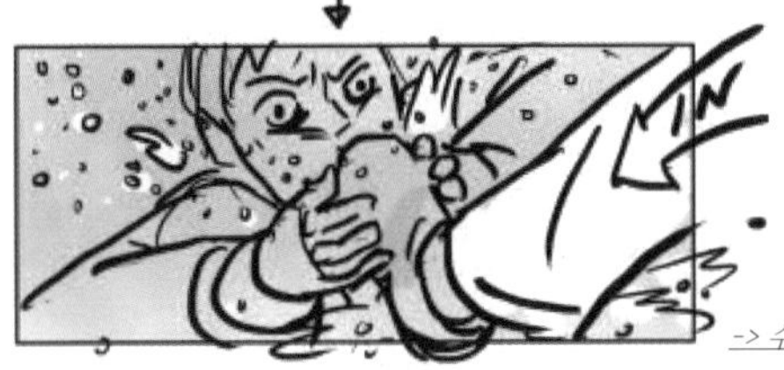

물 속에 잠겨 버둥대는 성준.

-> 수혁 발 걸고 괴로워하는 성준 W.S

성준을 내려다보다 어느 순간 머리채를 잡아 끌어올리는 수혁.

성준	(비명을 지른다) 왜 이러세요, 형님? 왜?
	형님.. 평범하게 살고 싶다면서요. 이런 건 평범한 게 아니에요!!
수혁	어디 있어?
성준	누구요? 회장님?
수혁	애 어디 있냐고? 우리 애!
성준	네? 무슨 애요?? 미쳤어요??

수혁이 성준에게 재차 린치를 가하려는 순간, 수혁의 몸이 붕~ 떠올라 멀리 바닥으로 패대기쳐진다.
동시에 뒤로 밀려 분수대 안으로 주저앉는 성준.
상황을 파악하려고 허둥대다가, 수혁 차 안의 우진과 눈이 마주친다.
상황이 틀어졌다.
게르와 붙어 있는 수혁. 그 틈을 타 재빠르게 로비를 가로질러 엘리베이터로 향하는 성준.

[성준 사무실]

사무실로 뛰어 들어오는 성준.
가방을 열고 신문지에 말린 산탄총을 허둥지둥 급하게 꺼낸다.

[엘리베이터 안]

극도의 분노와 흥분으로 총을 장전하며, 내려가는 엘리베이터 층수를 확인하는 성준.

[로비]

엘리베이터 문이 열리면, 로비 상황을 살피며 민첩하게 움직이는 성준.
수혁과 게르의 모습은 보이지 않는다.
그때 분수대 뒤 아트월 후면에서 바닥에 내쳐지는 수혁.
게르와의 싸움에서 밀리고 있었는지 게르 쪽을 경계하며
몸을 일으켜 자세를 잡는 수혁.

흥분한 성준이 이때다 싶어 그대로 수혁에게 총을 발사한다.
날아온 총탄이 수혁을 스쳐, 앞으로 나서려던 게르 앞 아트월에 박히고..
반사적으로 몸을 웅크리며 뒤로 물러서는 게르.
수혁, 총알이 날아온 쪽을 보면, 성준이 재차 방아쇠를 당긴다.
수혁이 몸을 날려 차 쪽으로 피하자 연달아 총탄을 난사하는 성준.

차 뒤로 몸을 움츠린 수혁.
운전석 문은 아까 수혁이 내릴 때 그대로 열린 상태다.
총소리에 흥분한 우진.
차 뒤로 모습이 보이지 않는 수혁을 경계하는 성준과
수혁이 숨은 차 쪽의 긴장감.

성준은 흥분한 상태로 허겁지겁 주머니에서 탄환을 꺼내 총을 재장전한다.
우진, 운전석과 보조석 사이로 얼굴을 내밀어
문이 열린 운전석 쪽에 웅크린 수혁에게,

우진 (낮은 소리로) 이봐! 형, 형!
여기서 좆 되지 말고 가서 애나 찾자. 내가 애 돌려줄게. 응?
애 여기 없다고.. 여기서 잘못되면 애는 누가 찾아? 응?

그 순간, 우진 뒤쪽의 차 뒤 유리가 총소리와 함께 박살 난다.
차 쪽으로 슬금슬금 다가가며 총을 발사하는 성준.

그때 콰르릉~ 굉음을 내며 호텔 밖으로 달려나가는 수혁의 차.
멀어지는 차 쪽으로 빠르게 다가가며 허겁지겁 총을 난사하는 성준.

성준 저 개새끼! 도망가.

사라지는 수혁의 차. 씩씩거리며 성준이 돌아서면,
호텔 내부 여기저기서 몸을 일으키는 보안팀과 쑥대밭이 된 로비가 보인다.
분수대 안 동상의 머리는 나가떨어져 있고...
아트월 뒤에서 모습을 드러낸 게르가 성준에게 묘하게 기분 나쁜 표정을 보낸다.
절망스러운 성준.

73. 국도, 수혁의 차 - 새벽

달리는 수혁의 차. 하늘이 밝아지고 있다.

운전을 하는 수혁의 어깨에 성준이 쏜 총탄에 입은 상흔이 보인다.

우진이 운전석과 보조석 사이로 얼굴을 내밀며,

우 진 내 말 진짜 잘 들은 거야.

수혁이 그대로 우진을 팔꿈치로 가격하면, 뒤로 나가떨어진 우진. 코피가 터지고..

우 진 내가 우습지?

수 혁 ....

우 진 이번엔 내가 운이 나쁜 거야.

수 혁 우습지 않으니까 닥쳐.

우 진 인간은 유일하게 살아있는 자들의 세계와
죽은 자들의 세계를 가진 족속이야.
내일이면 넌 후자의 세계에 살 거야.

수혁이 잠시 말없이 우진을 바라보다 피식 비웃듯 쓴웃음을 지으면,

우 진 (기분 나쁜) 웃겨? 뭐가 웃겨?

수 혁 너. 네가 웃겨 이 미친 새끼야.

기분 나빠 얼굴이 일그러지는 우진. 진짜 미친놈처럼 이상한 소리로 웃는다.

74. 셀프 주유소, 편의점 / 화장실 - 이른 아침

국도변의 한적한 셀프 주유소 입구로 빠르게 들어오는 수혁의 차.
차에서 내려 자동차의 주유구에 주유기를 꽂아 넣는 수혁.
그러다 문득, 자신의 몰골을 느끼는 수혁.
수혁, 키를 뽑아 들고 차 뒤로 가 트렁크를 열면 보스턴백이 보인다.
트렁크 바닥에 구겨진 담뱃갑과 라이터.
뒷좌석에 우진을 두고 화장실로 향하는 수혁.

[화장실]

화장실 문에 기대어 앉아 부러진 담배를 꺼내 불을 붙이는 수혁. 어지럽다.
잠시 멍한 채 앉아 있는데, 차 안에서 피를 흘리던 민서의 모습이 떠오르고..

세수를 하는 수혁. 거울을 잠시 바라보면 괴로운 수혁.
온몸에서 통증이 느껴져 온다.

/ 인터컷 / 차에 앉아 주변을 살피며 심하게 버둥거려보는 우진.

수혁, 티셔츠를 올리면 온몸이 상처와 피로 엉망이다.
고통스러운 신음을 토해내며 옷을 갈아입는다.
외투 주머니에서 반지 케이스를 꺼내 열어보는 수혁.
케이스에서 반지를 꺼내 손에 꼭 쥔다.

[주유소]

화장실에서 나와 차로 다가가는 수혁.

조수석에 가까이 다가가면 우진이 보이지 않는다.

불안한 시선으로 주변을 둘러보는 수혁.

편의점 창가에서 안면을 씰룩거리며 수혁을 노려보는 우진이 보인다.

[편의점]

전자레인지가 요란한 소리를 내며 돌아간다.

의자에 앉아 조용히 숫자를 세고 있는 우진.

그 뒤로 황당한 듯 벙찐 얼굴로 굳어 있는 알바.

우진 　　십.. 구.. 팔.. 칠..

수혁이 편의점 유리 앞으로 다가와 우진을 마주 보고 서면..

우진 　　(기분 나쁜 미소) 삼.. 이.. 일.. 땡!!

전자레인지가 멈추며 삐-삐- 소리를 내고,

동시에 수혁의 재킷에서 울리는 휴대폰 벨소리.

75. 국도 / 주유소 / 진아 아지트 / 수혁의 차 - 이른 아침

〈 수혁, 우진, 진아의 상황. 교차 편집 〉

[국도]

국도를 달리는 수혁의 차. 운전을 하는 수혁의 표정이 날카롭다.

진아(음성) 만나. 장소는 내 친구가 안내할 거야.

[주유소 & 진아 아지트 교차 편집]

편의점에서 아무렇지도 않은 듯 라면을 먹고 있는 우진.

진아(음성) 서로 교환하는 거지. 아주 간단한 일이야.

우진 너머 유리 밖에서 전화를 받고 있는 수혁이 보인다.

[진아 아지트 실내 수영장 공간]

쇼이가 관람차 쪽에서 진아 쪽으로 어슬렁거리며 다가오고.
진아는 파라솔 의자에 기대어 앉아 발가락 사이에 면봉을 끼워 넣고 발톱에 매니큐어를 바르고 있다.

수혁(음성) 인비 바꿔.

진 아 인비 자.

수혁(음성) 어떻게 믿어?

진 아 다른 방법이 없잖아.
누군가는 믿어야 이 상황이 끝나는 거 아니야?

[주유소]

전화를 받고 있는 수혁의 뒷모습.

[진아 아지트]

진 아 (통화하며) 내 친구가 멀쩡해 보이면 인비도 안전할 거야.

진아 돌아보면, 관람차 안의 인비가 보인다.

[주유소]

전화를 받고 있는 수혁.

[진아 아지트]

진아　　근데.. 넌.. 죽어야 해.

전화를 끊고, 입으로 매니큐어 칠해진 발톱에 "후우~" 바람을 부는 진아.

[주유소]

수혁, 전화를 끊고 편의점 안을 돌아본다.
왼손으로 서툴게 라면을 처먹으며 기분 나쁜 미소로 수혁을 바라보는 우진.
배고팠다는 듯.

[편의점 이전 상황]

몸이 묶인 채 절룩거리며 편의점으로 들어오는 우진.
청소를 하던 편의점 알바가 흠칫 놀란다.

우진　　10만원 줄게. 전화 한 통 쓰자.

[진아 아지트]

우진(음성)　이 새끼 차 뒷자리에 있는 거 봤어.

자신이 그린 폭탄 조립도를 살피고 수정하며, 우진과 통화하는 진아.
얼굴엔 마스크팩을 붙이고 있다.

우진(음성) 가까이 접근하면 안 돼. 센 놈이야.

진 아 넌 괜찮아?

[편의점]

우 진 미안해. 왜 이렇게 됐지...

편의점 유리문에 붙어 수혁 쪽을 살피며 비굴하게 통화하고 있는 우진.

[국도]

국도를 달리는 수혁의 차 위로 진아의 소리. "괜찮아, 다 잘될 거야."
조수석에 앉은 우진. 수혁을 빤히 보며,

우 진 친절한 표정으로 봐줘. 무섭잖아.

우진을 보던 수혁, 우진의 말을 무시하고 시선을 거두며 운전에 집중한다.
뒷좌석의 텀블러가 보이고.

76. 진아 아지트, 실내 - 아침

관람차 문 틈새로 나온 얇은 막대에 걸쇠가 들려 잠금 상태가 풀린다.
자리에 웅크리고 있던 쇼이가 귀를 쫑긋 추켜세우더니 자리를 박차고 나간다.
숨죽여 살금살금 걸음을 조심스럽게 옮기는 인비.
저 앞에서 쇼이가 모습을 드러내며 으르렁~ 사납게 인비에게 달려든다.
깜짝 놀라 대관람차 박스 안으로 급히 되돌아가 문을 닫는 인비.
이빨을 드러내고 인비를 위협하는 쇼이.

진아가 시리얼이 담긴 그릇을 들고 천천히 인비에게 다가온다.

진아	....
인비	저.. 화장실 가고 싶어요.
진아	거기서 해.
인비	여기서 어떻게...
진아	(관람차 안쪽에서 문을 꽉 잡고 있는 인비를 향해) 놔.

진아의 말에 잡고 있던 문을 놓고 무기력하게 뒤로 물러나는 인비.
대관람차 박스 안으로 들어가 인비를 마주 보고 앉는 진아.

진아	(손으로 부드럽게 인비의 볼을 타고 내려가며) 인비야. 너 엄마한테 가야지. 엄마가 걱정이라며? 그럼 먼저 내 말을 잘 들어야지. 손님이 예의가 없네.

인비의 볼을 쓰다듬는 듯하다, 점점 목을 조이는 진아.

진아　　너만 엄마 있는 거 아니잖아. 왜 재수 없게 지랄이야.
　　　　엄마 없어도 잘살 수 있으니까 징징대지 말고 여기 있어.
　　　　알았어?

컥컥~ 소리를 내며 괴로워하는 인비. 거친 숨을 몰아쉬며 눈물을 흘린다.

인비　　죄송해요. 죄송...

짜증 나는 듯 뒤로 물러서는 진아.

진아　　(인비를 정면으로 보며) 그 아저씨인지 아빠인지만 뒤지면
　　　　넌 집으로 가는 거야. 알았어?

거친 숨을 몰아쉬며 몸을 떠는 인비.
잠시 후 아무 일 없었다는 듯 밝은 표정으로 인비 앞에 다가오는 진아.

진아　　그거 먹어.

슬픔을 참고 고개를 끄덕이는 인비.

77. 카이저호텔, 로비 - 아침

고급스러운 인테리어로 반짝이던 호텔 로비가 폐허에 가깝게 부서졌다.
로비 중앙엔 성준, 게르, 어깨들이 도열해 있고,
황당한 얼굴로 로비를 둘러보는 웅국. 그 옆에 안마남이 따른다.

분수대 안에 널려 있는 조각상 잔해를 보고
안마남에게 가져오라고 손짓하는 웅국.
안마남이 분수대 안으로 들어가 조각상 머리 부분을 집어
웅국에게 가져온다.
조각상의 머리를 받아 든 웅국, 성준에게 다가서 이를 건넨다.
얼떨결에 조각상 머리를 받아드는 성준.

웅국 강 이사, 지금부터 나한테 가장 간결하고 이해하기 쉽게 이 상황을 설명해야 한다.

성준 (고개를 숙이고 망설이다) 그게.. 기습을 당했습니다.

웅국 (웃는다) 그건 너무 잘 알겠고.. 그니까 왜?

성준 그건.. 저도.. 정확히 모르겠습니다.

웅국 간결하긴 한데 이해는 안 된다.

성준 ....

웅국 그 양반 머리에서 손을 떼거나 바닥에 떨어지면 손가락 다 잘리는 거야.

성준 네?

웅국 안마야.

응국의 말이 끝나기 무섭게 성준의 정강이를 걷어차는 안마남.
무릎이 꺾이면서 그대로 주저앉는 성준.
통증에 신음이 튀어나오지만, 손에 든 조각상은 놓치지 않는다.
몸을 간신히 일으키는 성준의 얼굴 쪽으로 빠르게 발을 날리는 안마남.
성준이 입을 열자 바로 코앞에서 발이 멈춘다.

성준 세탁.. 세탁기 썼는데.. 일이 뭔가.. 틀어졌습니다.

응국 내가 질문이 잘못 됐나 보다.

성준 죄..죄송합니다. 제..제가.. 정리..

응국 내 말은.. 내가 아직 어쩌라고 하지도 않았는데
왜 니가 나서냐고.

성준 아니, 그게.. 그렇게 해야 된다고 생각했습니다.

응국 생각? 왜 니가 생각을 해? 생각은 내가 해야지.

성준 잘못했습니다.

응국 (성준의 눈을 보며) 뭘 잘못해?

성준 ....

응국 안마야!!

순식간에 발차기로 성준의 얼굴을 날리는 안마남.
뒤로 나가떨어지며 컥컥~ 고통스러운 신음을 토해내는 성준.

성준 (괴로워 눈물까지 흐른다) 수...수혁이..

응국 뭐? 수혁이.. 뭐?

성준 (고통에 입을 열지 못한다) ....

깍지를 끼고 손가락을 풀 듯 손목을 유연하게 움직이는 안마남.

성준 (큰 소리로) 수혁이 그 새끼가 절 호구로 보는 것 같아서요.

응국 (황당하다) 그게 이유냐? 호구??

고통에 거친 숨을 토해내는 성준.

성준 회장님 밑에서 할 짓, 안 할 짓 다 했습니다.
그런데 수혁이 그 새끼가 여길 개난장판 치고 제가 이렇게까지
당했는데..
왜 저한테만 뭐라 하십니까?

울분을 토해내는 성준.
허공에 한숨을 내쉬며 눈을 질끈 감는 응국. 기가 차다.
응국, 산탄총을 들고 있는 보안팀장에게 다가가 총을 잡아채,
다시 성준에게 다가온다.

응국 강 이사.

응국이 성준의 이마에 총구를 겨누면, 깜짝 놀라는 성준.

응국 총자루 쥐어보니까 눈앞에 무서운 게 안 보이지?
함부로 나대니까 주인도 불편해지잖아, 이 새끼야.
넌 니 분수를 알고 지켜야지.

성준　　제가 싹~ 다 정리할 수 있습니다. 한 번만 기회를 주십시오.

응국, 조준하던 총을 천장에 대고 발사하면, 천장의 샹들리에가 흔들리며 밑으로 추락한다.
성준 뒤 분수대 안으로 첨벙 떨어지며 박살 나는 샹들리에.
로비에 있는 모두가 놀란 표정을 짓는다.
응국이 성준에게 산탄총을 던지듯 건네자, 성준은 얼떨결에 총을 받느라 손에 들고 있던 조각상 머리를 바닥에 떨어뜨려 깨트린다. 잠시 정적.
응국, 숨을 고른다.

응국　　(게르에게) 게르 니가 좀 하자.
성준　　제가 마무리하겠습니다! 회장님!
응국　　시끄러! 하려면 깔끔하게 제대로 했어야지.

말없이 성준을 외면하고 로비를 가로지르는 응국.

응국　　(주변 어깨들에게) 꼬라지 보기 싫다. 정리해라!
　　　　오픈 때까지는 내가 여길 지켜야지 안 되겠다.

엘리베이터로 향하는 응국. 그 옆을 따르는 안마남.
어깨들이 분주하게 움직이며 로비를 정리하기 시작한다.
넋이 나간 표정으로 앉아 있는 성준. 바닥에 깨져 있는 조각상 머리.

S# 74	카이저 호텔, 로비	2020.03.22 08:23	M	CUT
	난장판이 된 로비를 보고 분개하는 응국, 게르에게 마무리를 지시한다		O	54

36

다가가 총을 잡아채는 응국.

응국 OS 보안팀장 ->

총을 들고 성준을 향해 다가오는 응국.

-> 응국 돌아서 성준 보는 것까지

37

응 국　　강이사.

다가가는 응국 OS 성준 / 앉은 F.S

38

응 국　　총자루 쥐어 보니까 눈앞에 무서운게
　　　　안 보이지?

응국 정면 M.S / FOLLOW BACK ->

응국, 클레이 사격 총을 겨누고 성준을 향해 다가간다.
깜짝 놀라 뒤로 물러서는 성준.

응 국　　함부로 나대니까
　　　　주인도 불편해지잖아, 이 새끼야.

-> 성준 OS 응국 까지

S# 74	카이저 호텔, 로비	2020.03.22 08:23	M	CUT
	난장판이 된 로비를 보고 분개하는 응국, 게르에게 마무리를 지시한다		O	54

39

총을 장전하고, 성준의 미간을 조준하는 응국.

응 국　　넌 니 분수를 알고 지켜야지.

응국 OS 성준 앉은 F.S

40

서서히 성준에게 다가가는 총부리.

클레이촘 측면 -> FOLLOW PAN ->

-> 성준 측면 얼굴에 총구 부딪히는 것 까지

41

깜짝 놀라 뒤로 물러서는 성준.

성 준　　제가 싹~ 다 정리할 수 있습니다.
한번만 기회를 주십시오.

총부리 OS 성준 W.S

S# 74	카이저 호텔, 로비	2020.03.22 08:23	M	CUT
	난장판이 된 로비를 보고 분개하는 응국, 게르에게 마무리를 지시한다		O	54

42

응국, 성준에게 조준하던 총을

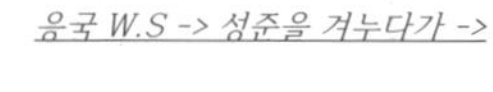

응국 W.S -> 성준을 겨누다가 ->

천장에 대고 쾅쾅~ 발사하면

-> 샹들리에 향해 쏘는 것 까지

43

마구 흔들리는 샹들리에.

LOW / 응국 OS 샹들리에 F.S

44

천정에 아슬하게 매달려 박살나고 있는 샹들리에.

샹들리에 타이트 F.S

S# 74	카이저 호텔, 로비	2020.03.22 08:23	M	CUT
	난장판이 된 로비를 보고 분개하는 응국, 게르에게 마무리를 지시한다		O	54

45

천장의 샹들리에가 흔들리다가

성준 OS 응국 K.S ->

바닥으로 추락한다.

-> 성준 뒤로 샹들리에 떨어지는 것 까지

46

로비에 있는 모두가 놀란 표정을 짓는다.

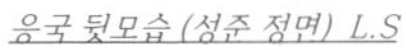

응국 뒷모습 (성준 정면) L.S

47

응국, 클레이 사격 총을 성준에게 던지듯 건네면
얼떨결에 총을 받느라 손에 든 카이사르 머리를
옆에 내려놓는 성준.

응국 & 성준 측면 F.S

48

총을 받아들고 멈칫하는 성준.
조각상을 손에서 놓아버린 걸 자각하고
흠칫 놀란다.

응국 OS 성준 앉은 F.S

S# 74	카이저 호텔, 로비	2020.03.22 08:23	M	CUT
	난장판이 된 로비를 보고 분개하는 응국, 게르에게 마무리를 지시한다		O	54

49

성준을 바라보던 응국.

응국 측면 T.B.S ->

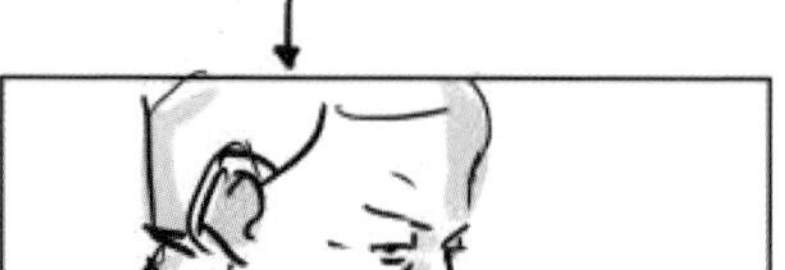

게르 돌아보며

응 국 (게르에게) 게르 니가 좀 하자.

-> 게르 돌아보는 것 까지

50

알겠다고 응국을 향해 목례하는 게르.

응국 OS 게르 M.S

51

성 준 제가 마무리 하겠습니다! 회장님!

성준 M.S

52

응 국 시끄러! 하려면 깔끔하게 제대로 했어야지.

말 없이 성준을 외면하고 로비를 가로지르는 응국.

응국 M.S -> 돌아 나가는 것 까지

S# 74	카이저 호텔, 로비	2020.03.22 08:23	M	CUT
	난장판이 된 로비를 보고 분개하는 응국, 게르에게 마무리를 지시한다		O	54

53

응 국 (주변 어깨들에게) 꼬라지 보기 싫다. 정리해라! 오픈 때 까지는 내가 여길 지켜야지 안 되겠다.

엘리베이터로 향하는 응국. 그 옆을 따르는 안마남. 어깨들이 분주하게 움직이며 로비를 정리하기 시작한다.

약부감 / 로비 (성준 분수대 방향) F.S

54

넋이 나간 표정으로 앉아 있는 성준.
바닥에 깨져 있는 조각상 머리.

성준 앉은 F.S / TRACKN IN

실제 로케이션 헌팅 자료

실제 로케이션 헌팅 자료

실제 로케이션 헌팅 자료

실제 로케이션을 바탕으로 한 미술 컨셉 자료

실제 로케이션 헌팅 자료

실제 로케이션을 바탕으로 한 미술 컨셉 자료

실제 로케이션 헌팅 자료

미술 컨셉 아트 자료 – 아지트 내부

미술 컨셉 아트 자료 – 아지트 내부

78. 진아 아지트, 실내 - 오후

투명한 원형 플라스틱 용기를 케이스로 활용해 폭탄을 만들고 있는 진아.
마지막 하나의 폭탄에 뚜껑을 덮고 중간 이음매를 테이핑하는 진아.
투명 플라스틱 안에 회로와 칩, 그리고 알 수 없는 점도 높은 액체가 들어 있다.
원형 폭탄 한 방향의 작은 구멍 안에 손가락을 넣어 스위치를 누르는 진아.
폭탄이 준비 상태로 전환된 것을 확인하고 먼저 완성된 폭탄들 옆에
마지막 완성품을 나란히 놓는다.
리모컨을 들어 ready 버튼을 누르면, 나열된 플라스틱 용기들 안에 있는
작은 마이크로 전구가 일제히 파란불로 바뀐다.
전구가 점멸하기 시작하며 깜박이는 속도가 점점 빨라지고..
진아가 ready 버튼을 다시 누르자 일제히 불이 꺼지는 폭탄들.
흡족한 표정으로 립스틱이나 매니큐어로 플라스틱 용기에 색을 입히기 시작하는
진아.

79. 외곽 폐차장 - 오후

차 안 조수석에 앉은 우진이 알 수 없는 깊은 눈빛으로 정면을 응시하고 있다.
우진의 시선으로 보이는 차창 밖에 기대어 앉은 수혁의 뒷모습.
시선을 허공에 둔 수혁. 그 뒤로 우진이 고개를 내밀고

우 진 가자. 움직일 시간이야.

우진의 소리를 의식하는 수혁.

수혁의 차 너머 일몰로 붉어진 하늘.

80. 진아 아지트 마당 / 도로 - 오후

아지트의 출입구 문을 잠그는 진아.

사이드백을 바이크에 장착하고 헬멧을 꾹~ 눌러쓴다.

콰쾅~ 엔진에서 폭발음을 일으키며 아지트를 빠져나가는 바이크.

[관람차]

벽에 잔뜩 웅크리고 잠든 인비. 조심스럽게 눈을 뜬다.

퉁퉁~ 불어터진 시리얼이 그릇에 그대로 있다.

[도로]

진아, 곡선 주로에서 몸을 납작 엎드리며 귀신같은 솜씨로 코너링한다.

계기판의 속도계가 순식간에 치솟고, 가속도에 앞바퀴가 들리며 튀어나가는 바이크.

81. 고가도로 진입로 - 밤

도로를 빠르게 질주하는 차. 수혁을 물끄러미 바라보고 있는 우진.

우 진 이 차 맘에 들어. 주인이랑 참 많이 닮았어.

수 혁 (우진을 노려본다)

우 진 그렇다고 니가 맘에 든다는 건 아니야.

(멀리 바라보며) 나 보지 말고 집중해. 이제 다 왔어.

수혁의 차가 공사 중 표지판을 지나쳐 가면

도로 끝에 모습을 드러내는 철거 중인 고가도로.

82. 도로, 성준 SUV - 밤

한적한 도로를 달리는 성준의 SUV.

보안팀장이 운전을 하고, 성준은 조수석에서 산탄총을 감싸 안고 있다.

보안팀장 연수원은 오랜만이시죠, 이사님?

가서 잘 쉬실 수 있도록 회장님께서..

성 준 (보안팀장의 말을 이으며) 회장님 명령이니 쉬어라. 그 말이지?

보안팀장 ㅎㅎ 네.

성 준 회장님이 쉬라면 쉬어야지.. 팀장 너는 옛날에 회장님 본 적 없지?

차창에 비친 자신의 얼굴을 잠시 바라보는 성준. 몰골이 엉망이다.

보안팀장 예?.. 아, 예.. 이사님, 어디 불편하십니까?

성준 불편하지.. 계속 불편했고.. 앞으로도 계속 불편할 거고...
평생 불편할 거 같다. 호구도 아니고 직접 안 하면...

몸을 틀어 그대로 산탄총 개머리판으로 보안팀장의 턱을
인정사정없이 가격하는 성준.
달리던 SUV가 출렁이며 도로를 벗어나 아슬아슬하게 선다.

83. 쇼핑몰 / 고가도로, 위 - 밤

[쇼핑몰]

건물 벽면에 설치된 스크린에 영상이 흐르는 쇼핑몰.
오픈 전 쇼핑몰 주변은 한가하다.

[고가도로]

수혁의 차가 고가도로 위에 정차해 있다.

우진 아빠야?

우진의 뜬금없는 질문에 돌아보는 수혁.
대답을 못 하는, 아니 대답할 필요가 없다.
그런 대답 없는 수혁의 얼굴이 무섭다.

우 진 알았어. 알았어. 그럼 질문 다시 할게. 딸이야?

수 혁 ....

우 진 알았어, 알았어. 말하기 싫으면 내 이야기나 들어봐.
아주 오래전에 보기만 해도 오줌을 지릴 정도로 무서운 놈들이 있었어.

84. 터널 - 밤

몸을 잔뜩 숙인 진아가 바람을 가르며 질주한다. (사이드 고정. 프레임 인 앤 아웃)
터널 천장의 조명이 헬멧에 반사되어 어지럽게 퍼지고, 육중한 바이크 소음이 터널을 울린다.

우진(음성) 매일 그 놈들을 피해 다녔는데, 귀신 같이 날 찾아내더라고..

질주하는 진아.

85. 고가도로, 위 - 밤

건물에 비추어진 영상이 출렁인다.

우 진 멀리 이사까지 갔는데.. 밤늦게 집에 가니까 그 새끼들이 내 방에서 술 처먹고 부탄가스 불고 맛탱이가 가서 난장판을 벌여놨더라고.

우진의 말투에 거친 숨소리가 섞인다.

우 진 그래서 결심을 했지.. 불을 질러야겠다.

86. 고가도로 진입로 - 밤

진아, 경사도로에서 몸을 일으켜 멀리 바라보면
쇼핑몰이 있는 도심의 모습이 스쳐 지나간다.

우진(음성) 순식간에 집에 불길이 올라오더라고.. 아주 커다란 불이...

휘어지는 굽은 도로가 나오자, 잔뜩 웅크리고 미끄러지듯 회전하는 진아.

87. 고가도로, 위 - 밤

건물 벽면 영상의 붉은빛이, 우진의 얼굴에 물든다.

우진 밖에서 구경했지. 그 새끼들이 시커멓게 타는 걸 상상을 하면서...

/ 인터컷 / 굉음과 함께 미끄러지며 방향을 트는 진아의 바이크.

우진 그런데 갑자기 생각이 나는 거야.

눈물을 글썽이며 묘한 미소를 짓는 우진.

우진 아, 씨발! 옆방에 우리 할머니가 자고 있는데..
그러면서 그 새끼들이 진짜 있었던 놈들인지 헷갈리는 거야.
사실 '할머니가 빨리 죽으면 좋겠다' 하고 생각한 적이 있거든.

우진과 수혁의 시선이 마주치고, 고가도로 위로 진아의 바이크가 튀어 들어온다.
재킷 안쪽에서 리모컨을 꺼내는 진아.

우진 이게 상상이었는지 환각이었는지 모를 나의 옛날 일이야.
수혁 내 이야기도 하나 해줄게.
너희 때문에 사랑하던 사람이 죽었어.

그때 달려오는 진아의 바이크 소리.
바이크의 하이빔과 LED 불빛이 정면을 쏘면,
수혁과 우진의 얼굴에 밝은 빛이 번쩍!!

우진, 수혁의 말에 놀라 인상이 구겨지며 바로 문손잡이를 잡아당긴다.
차 문 밖으로 튕겨 나오는 힘으로 수혁의 얼굴을 향해
있는 힘껏 다리를 뻗는 우진.
재빨리 의자 등받이(수동 등받이)를 뒤로 젖히며 몸을 눕혀
우진의 발을 피하는 수혁.
우진이 차 밖으로 튕겨나가듯 구르고, 자세가 뒤로 젖혀진 수혁의 눈에
파란불을 깜박이며 바닥에 놓인 텀블러가 보인다.

수혁이 고개를 들면, 절뚝거리며 차에서 멀어지는 우진과
쏜살같이 달려오는 진아의 바이크.
우진의 저 앞으로 굉음을 내며 급정거하는 진아.
헬멧의 쉴드를 올리면 날카로운 눈빛이 드러난다.
수혁, 진아, 우진.
세 사람의 시선이 혼란스럽게 교차되고,
우진이 주먹을 불끈 쥔 팔을 번쩍 들어 올리면, 리모컨 버튼을 누르는 진아.

/ 인터컷 / 진아의 리모컨과 수혁이 든 텀블러에 빨간 불이 들어온다.

차 밖으로 던져지는 텀블러. 운전석 의자를 세워 얼굴이 보이는 수혁.
건물 벽면의 영상이 화려한 불빛으로 바뀌며..

쾅~! 눈을 질끈 감고 양손으로 귀를 막은 채 웅크리고 서 있던 우진,
몸을 풀고 돌아보면 차 밖으로 터진 텀블러에서
불꽃과 파편이 사방으로 튄다. 화들짝 놀라는 우진.

폭발로 인한 화염이 수혁의 차를 가리고,

터지는 불꽃이 스크린 영상과 어우러져 더 화려하게 빛나는 것 같다.

진아와 우진의 시선이 화염에 가려진 수혁의 차로 향하고,

콰룽~ 시동이 걸리는 소리.

우진 (당황과 분노) 뒤져 좀!!! 뒤져야지!!!

수혁의 차가 굉음을 내며 가시는 화염 뒤로 나타나 이쪽을 바라본다.

잔뜩 독이 오른 눈으로 노려보고 있는 수혁.

우진이 급하게 바이크 뒷자리에 오르자, 바이크를 180도 회전시키는 진아.

수혁의 차가 공회전을 하다 빠르게 정면으로 돌진한다.

달려오는 수혁의 차를 피해 달리기 시작하는 바이크.

고가도로를 나와 추격전이 시작된다.

88. 도로 - 밤

[쇼핑몰 주변 도로]

우진이 진아의 몸을 한 손으로 꽉 안고 뒤를 돌아보면,

수혁의 차가 휘청거리며 교차로를 튀어나온다.

다가오는 수혁의 차를 의식하며 급하게 방향을 틀어 질주하는 진아.

수혁의 차가 차들 사이를 파고들며 바이크를 뒤쫓는다.

[고가도로 밑]

고가도로를 받치고 있는 커다란 기둥들 사이를 질주하는 진아.

진아에게 바짝 안겨 뒤를 돌아보는 우진.

수혁의 차가 미친 듯 달려온다.

길게 이어진 고가도로 밑을 가로지르는 두 차량의 질주.

89. 진아 아지트, 실내 - 밤

시리얼 그릇이 조심스럽게 대관람차 박스 밖으로 놓인다.

쇼이에게 시리얼을 먹으라고 권하는 인비.

쇼이가 으르렁대며 둘 사이에 긴장감이 돈다.

하지만 쇼이를 살피며 "먹어" 하고 권하는 인비.

쇼이가 슬금슬금 다가와 시리얼 그릇에 코를 담그며 킁킁거린다.

그런 쇼이에게 겁을 감추고 차분히 바라보며 "괜찮아. 먹어, 쇼이" 하는 인비.

90. 도로, 터널 - 밤

도로를 지나 터널로 진입하는 진아의 바이크.

앞선 차들을 날렵하게 추월하며 거리를 벌린다.

안간힘을 쓰며 추격하는 수혁.

앞차를 추월하며 달려 나가는 바이크.
틈을 놓치지 않고 뒤로 바짝 쫓아오는 수혁의 차.

백미러로 다가오는 수혁을 확인하는 진아.
우진이 사이드 백에 손을 넣어 플라스틱 폭탄 하나를 꺼내든다.
손으로 폭탄 용기 구멍 안의 스위치를 눌러 ready 상태로 만들면
수혁의 차가 바이크 뒤로 닿을 듯 말 듯 따라붙고,
우진이 수혁의 차를 향해 폭탄을 던진다.
가볍게 몇 발의 폭탄 폭발을 피하며 바이크를 추격하는 수혁의 차.

우진이 화가 나 리모컨의 ready 버튼을 눌러 폭탄 전부를 활성화해놓고,
사이드 백을 뒤집어 빠르게 스치는 바닥으로 폭탄들을 흘리듯 던져 놓는다.
바닥에 통통 튕기듯 구르며 수혁의 차와 거리가 좁혀지는 여러 개의 폭탄.
순차적으로 폭발하는 폭탄을 피해 달리는 수혁의 차.
폭탄 하나가 바닥에 튕기며 전기 단자함을 덮친다.
터널의 조명이 순식간에 나간다.
어두워진 터널. 긴장된 표정으로 앞을 응시하고 달리는 수혁.

잠시 후, 수혁의 반대편에서 상향등을 켜고 다가오는 자동차.
눈이 부시다.
마주 오는 차가 상향등에서 하향등으로 바꾸는 순간,
진아의 바이크가 차 뒤에서 빠르게 뛰어나와 수혁의 차 쪽으로 다가온다.

바이크 뒷자리에 탄 우진이 네일건을 수혁 쪽으로 겨누고 끼리리릭~ 발사한다.

본능적으로 몸을 옆으로 숙이며 간신히 운전대를 잡는 수혁.
건에서 발사된 못이 수혁의 차 앞 유리에 박히고 깨진 옆 창문을 통해
위협적으로 운전석을 파고든다.

수혁의 차를 스쳐 뒤쪽에서 멈추는 진아의 바이크.
수혁도 급제동을 걸어 차를 멈춰 세운다.
잠시 서로를 바라보다, 먼저 바이크를 공회전시켜 급발진하는 진아.
우진이 흥분한 얼굴로 네일건을 발사하고,
수혁도 자동차 타이어를 공회전시켜 타이어와 바닥의 마찰을 이용해
자욱한 연기를 만들어낸 후 출발한다.

연기를 통과한 진아의 바이크. 저 앞에 수혁의 차가 터널을 빠져나가고 있다.

[터널 앞도로]

수혁의 차가 굉음을 내며 터널을 빠져나옴과 동시에
미끄러지듯 급하게 회전하면,
그 차를 피하려다 중심을 잃고 진아와 우진을 바닥에
떨어뜨리며 미끄러지는 바이크.

S# 87	추격 터널, 안 / 앞 도로	2020.03.22 23:07	N	CUT
	널로 진입하는 바이크, 수혁 차로 텀블러를 던지고 폭발이 인다		O	75

1

도로를 질주하는 진아 바이크.

진아 바이크 정면 F.S / FOLLOW BACK

2

뒤쫓는 수혁 차.

수혁 차 정면 F.S / FOLLOW BACK

3

도로를 지나 터널로 진입하는 진아의 바이크.

진아 바이크 F.S 뒷부 FOLLOW ->

-> 터널 진입까지

S# 87	추격 터널, 안 / 앞 도로	2020.03.22 23:07	N	CUT
	널로 진입하는 바이크, 수혁 차로 텀블러를 던지고 폭발이 인다		O	75

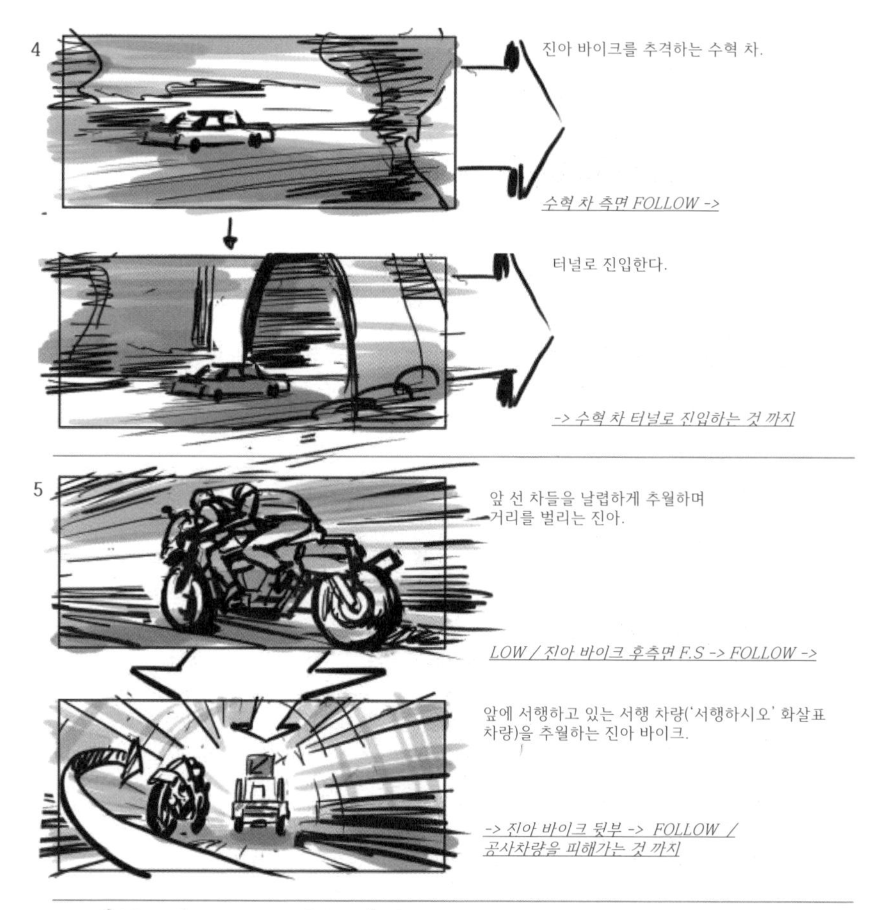

4

진아 바이크를 추격하는 수혁 차.

수혁 차 측면 FOLLOW ->

터널로 진입한다.

-> 수혁 차 터널로 진입하는 것 까지

5

앞 선 차들을 날렵하게 추월하며
거리를 벌리는 진아.

LOW / 진아 바이크 후측면 F.S -> FOLLOW ->

앞에 서행하고 있는 서행 차량('서행하시오' 화살표
차량)을 추월하는 진아 바이크.

-> 진아 바이크 뒷부 -> FOLLOW /
공사차량을 피해가는 것 까지

6

역주행 해서 서행 차량을 피해가는 진아.

진아 바이크 정면 FOLLOW BACK

S# 87	추격 터널, 안 / 앞 도로	2020.03.22 23:07	N	CUT
	널로 진입하는 바이크, 수혁 차로 텀블러를 던지고 폭발이 인다		O	75

7

뒤를 돌아보는 우진.

우진 뒷부 앉은 F.S

8

서행 차량 뒤에서 나타나
추월을 위해 역주행 하는 수혁 차.

서행 차량 정면 FOLLOW OUT ->
추월하는 수혁 차 정면-> 보출차 프레임 인 까지

9

역주행하는수혁 차 앞으로
마주오는 보출차1.
아슬하게 피하는 수혁 차.

카메라 수혁 차 안 /
맞은편 차도에서 오는 보출차1
피해 원래 차도로 돌아오고 ->

보출차1을 아슬하게 피하자
다시 수혁 앞에 보이는 진아 바이크.

-> 다시 진아 바이크 뒷부 보이는 것 까지

10

보출차1을 아슬하게 피해 차선으로
돌아오는 수혁 차.

수혁 차 정면 F.S (공사차량 추월하는 것 부터)

S# 87	추격 터널, 안 / 앞 도로	2020.03.22 23:07	N	CUT
	널로 진입하는 바이크, 수혁 차로 텀블러를 던지고 폭발이 인다		O	75

11

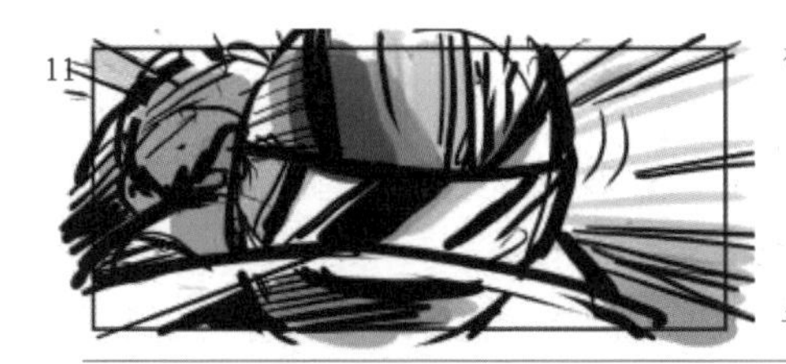

진아, 백미러를 보면

진아 정면 B.S / FOLLOW OUT

12

백미러 속 추격해오는 수혁 차기 보인다.

진아 바이크 백미러 / 백미러 속 추격해오는 수혁 차

13

진아, 다시 정면을 보면 앞서 달리고 있는
커다란 자루를 가득 실은 대형 트럭.

진아 정면 B.S / 시선 백미러 -> 정면

14

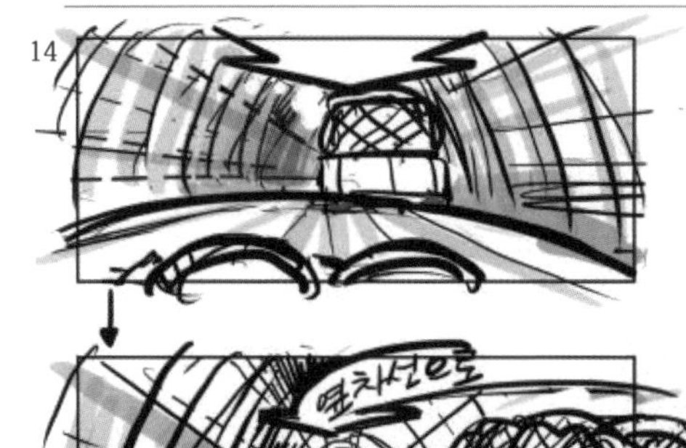

트럭을 향해 달려가는 진아 바이크.

진아 바이크 속도계 OS 트럭 뒷부 F.S -> 다가간다

역주행해서 트럭 옆으로 다가가는 진아 바이크.

-> 트럭 옆으로 붙는 것 까지

S# 87	추격 터널, 안 / 앞 도로	2020.03.22 23:07	N	CUT
	널로 진입하는 바이크, 수혁 차로 텀블러를 던지고 폭발이 인다		O	75

15

트럭 옆으로 다가가는 진아 바이크

트럭 측면 걸고 진아 바이크 정면 / FOLLOW OUT

16

한 손에 휴대용 나이프를 꺼내 드는 우진.

우진 정면 M.S

17

우드득- 자루를 트럭에 묶어 놓은 그물(혹은 줄)을 나이프로 끊어버리는 우진.

잘리는 그물(줄) 타이트 (우진 손 FOLLOW IN)

18

줄이 끊어지자 짐칸에 쌓여있던 커다란 자루들이 도로로 떨어지기 시작한다.

진아 바이크 & 화물 트럭 뒷부 F.S / 자루 떨어지기 시작하는 것 까지

19

자신을 향해 날아오는 자루들을 보고 놀라는 수혁.

수혁 정면 M.S

S# 87	추격 터널, 안 / 앞 도로	2020.03.22 23:07	N	CUT
	널로 진입하는 바이크, 수혁 차로 텀블러를 던지고 폭발이 인다		O	75

20

도로로 쏟아지기 시작하는 커다란 자루들.

짐칸에 실린 자루 걸고 수혁 차 정면 F.S ->

자루를 피하기 위해 속도를 늦추는 수혁 차.
하지만 맞은 편 차선에서 오던 보출차2 앞에
자루가 떨어지고

-> 보출차2 앞에 자루 떨어지는 것 까지

보출차2와 부딪히고 수혁 차가 달리는 차도 쪽으로
튕겨가는 자루.

-> 보출차2에 자루 부딪히고 튕기는 것 까지

21

자루와 부딪히자 급브레이크 잡는 보출차2.
자루는 튕겨서 수혁이 달리는 차도 쪽으로
튕겨 나간다.

자루 & 보출차2 정면 -> 서로 부딪히고
자루 프레임 아웃 ->

S# 87	추격 터널, 안 / 앞 도로	2020.03.22 23:07	N	CUT
	널로 진입하는 바이크, 수혁 차로 텀블러를 던지고 폭발이 인다		O	75

22

수혁 차로 날아오는 커다란 자루.
이를 피해 옆 차선으로 역주행해 가는 수혁 차.

수혁 OS 날아오는 자루 -> 왼쪽으로 핸들 틀고 ->

옆 차선으로 피하자 이번엔
브레이크 잡으며 속도가 느려졌던
보출차2가 나타난다.
이를 피해 다시 급하게 원래 차선으로
돌아가는 수혁 차.

*-> 마주오는 보출차2를 피해 다시
오른쪽으로 핸들 틀어 원래 차선으로
복귀 ->*

하지만 급브레이크 밟은 화물 트럭이
급정거하며 수혁 눈 앞에 멈춰선다.

*-> 화물 트럭이 거의 코 앞에서
멈춰서는 것 까지*

S# 87	추격 터널, 안 / 앞 도로	2020.03.22 23:07	N	CUT
	널로 진입하는 바이크, 수혁 차로 텀블러를 던지고 폭발이 인다		O	75

23

또 다시 급하게 역주행 하는 수혁 차.

화물 트럭 피해 역주행 하는 수혁 차 정면 ->

역주행으로 화물 트럭을 추월해

-> 추월하는 수혁 차 정면 FOLLOW OUT ->

다시 원래 차선으로 복귀하는 수혁.

-> 원래 차선에 복귀하는 수혁 차 정면 까지

24

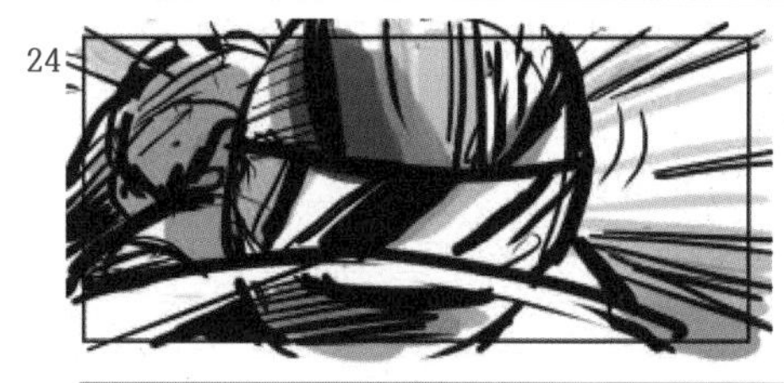

사이드 미러를 확인하는 진아.

진아 정면 B.S

25

다시 진아 바이크 뒤를 맹렬히 쫓아오는 수혁 차.

사이드 미러 속 수혁 차 정면 F.S

S# 87	추격 터널, 안 / 앞 도로	2020.03.22 23:08	N	CUT
	널로 진입하는 바이크, 수혁 차로 텀블러를 던지고 폭발이 인다		O	75

26

맹렬히 도망치는 진아 바이크.
진아가 우진에게 고개짓하자

진아 바이크 측면 F.S / FOLLOW

27

바이크 사이드 백을 뒤져 원형 폭탄1을 꺼내는 우진.

우진 뒷측면 K.S / 원형 폭탄1 꺼내는 것 까지

28

손에 든 원형 폭탄1 스위치를 누르는 우진.

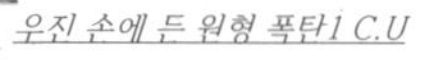

우진 손에 든 원형 폭탄1 C.U

29

진아 바이크를 쫓으며 달리는 수혁 차.

약부감 수혁차 정측면 F.S -> BOOM DOWN & PAN ->

이를 악 물고 쫓는 수혁의 표정.

-> 수혁 차 측면 W.S -> BOOM DOWN & PAN ->

S# 87	추격 터널, 안 / 앞 도로	2020.03.22 23:08	N	CUT
	널로 진입하는 바이크, 수혁 차로 텀블러를 던지고 폭발이 인다		O	75

진아 바이크를 쫓는 수혁 차.

-> 수혁차 뒷측면 걸고 진아 바이크 뒷부까지

30

수혁을 향해 원형 폭탄1을 휙 던지는 우진.

우진 뒷측면 W.S / 원형 폭탄1 던지는 것 까지

31

우진이 뭔가 던진 걸 보고 놀라는 수혁.

수혁 정측면 M.S

32

수혁 차 앞쪽으로 굴러오는 원형 폭탄1.

수혁 차 본네트 걸고 진아 바이크 뒷부 F.S

S# 87	추격 터널, 안 / 앞 도로	2020.03.22 23:08	N	CUT
	널로 진입하는 바이크, 수혁 차로 텀블러를 던지고 폭발이 인다		O	75

33

데굴데굴 구르는 원형 폭탄1.
수혁 차를 향해 굴러간다.

구르는 원형 폭탄1 FOLLOW -> 원형 폭탄1 걸고 수혁 차 정면 ->

수혁 차 밑으로 굴러 들어가는 원형 폭탄1.

-> 수혁 차 밑으로 굴러 들어가는 원형 폭탄1 FOLLOW

34

폭파 직전에 겨우 핸들을 틀어 폭발을 피하는 수혁 차.

폭파 & 휘청하는 수혁 차 뒷부 F.S -> 옆 차선으로 피하는 수혁 차 -> CAMERA 직진으로 진행 ->

화염 속을 뚫고 지나가는 CAMERA.

화염으로 가득 찬 화면 -> 화염을 뚫고 CAMERA IN -

화염을 뚫고 나가면 마주오는 보출차2를 피해 다시 CAMERA 앞으로 차선 변경하는 수혁 차.

-> 수혁 차 뒷부 F.S 까지

S# 87	추격 터널, 안 / 앞 도로	2020.03.22 23:08	N	CUT
	널로 진입하는 바이크, 수혁 차로 텀블러를 던지고 폭발이 인다		O	75

35

마주오는 보출차2를 피해 자기 차선으로 빠르게 돌아오는 수혁 차.

수혁 차 정면 FOLLOW OUT ->

옆 차선에서 수혁 차를 스쳐 지나가는 보출차2.
수혁 차 오른쪽에서 원형 폭탄2가 터진다.

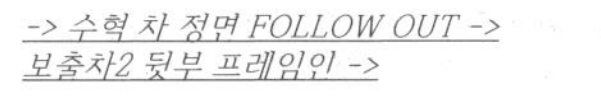

-> 수혁 차 정면 FOLLOW OUT ->
보출차2 뒷부 프레임인 ->

수혁 차가 원형 폭탄2 화염을 아슬하게 피하자
보출차2 뒤로 또 터지는 원형 폭탄3.

-> 수혁 차 정면 FOLLOW OUT -> 옆 차선 보출차2
뒷부에서 원형 폭탄3 터지고 -> 수혁 차 전진 ->

아슬하게 폭발을 피해 달리는 수혁 차.

-> 운전하는 수혁 앞은 F.S 까지 살짝 BOOM UP

S# 87	추격 터널, 안 / 앞 도로	2020.03.22 23:08	N	CUT
	널로 진입하는 바이크, 수혁 차로 텀블러를 던지고 폭발이 인다		O	75

36

쏙쏙 잘 피하는 수혁을 보고 화가 치미는 우진.

진아 & 우진 정측면 -> BOOM DOWN & TACKING ->

에코백에 담겨있는 원형 폭탄들을
한꺼번에 뿌리는 우진.

-> 우진이 뿌리는 원형 폭탄들 FOLLOW TILT DOWN ->

데구르르 바닥을 굴러가는 원형 폭탄들.

-> 원형 폭탄들 위주 반원 TRACKING & PAN ->

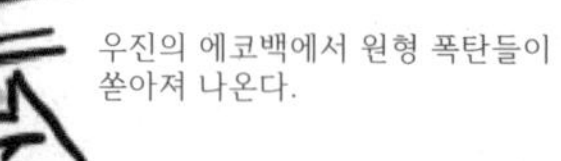

우진의 에코백에서 원형 폭탄들이
쏟아져 나온다.

-> 바닥을 구르는 원형 폭탄들 걸고 진아 바이크 뒷부 F.S 까지 <CG로 컷연결 솔루션 필요>

S# 87	추격 터널, 안 / 앞 도로	2020.03.22 23:08	N	CUT
	널로 진입하는 바이크, 수혁 차로 텀블러를 던지고 폭발이 인다		O	75

37

마구 굴러오는 원형 폭탄들.

수혁 차 정면 F.S -> 굴러오는 원형 폭탄4 ->

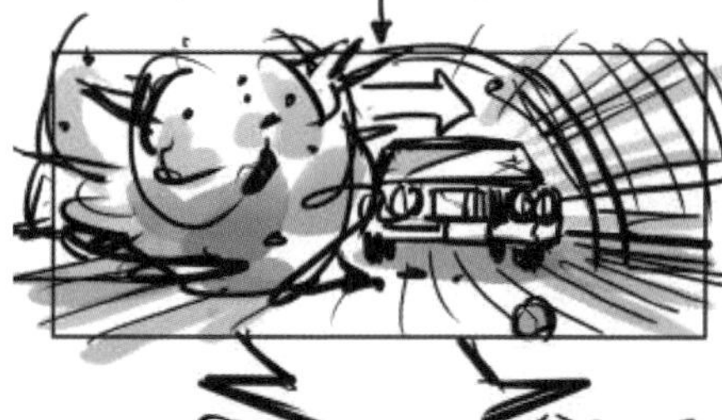

수혁이 폭발하는 원형 폭탄4를 피해
역주행 하는 수혁 차. 그러나 쉴 새 없이 또 앞으로
굴러오는 원형 폭탄5.

-> 터지는 원형 폭탄4 & 아슬하게 피하는 수혁 차 ->
피한 수혁 차 앞으로 또 굴러오는 원형 폭탄5 ->

수혁 차 앞에서 터지는 원형 폭탄5.
순간 수혁 차가 화염과 연기에 휩싸인다.
그리고 깨지는 수혁 차 왼쪽 라이트.

-> 수혁 차 앞에서 원형폭탄 5가 터지는 것 까지

38

역주행 차선에서 화염으로 시야가 막히는 수혁.
화염을 뚫고 전진하며 원래 차선으로 이동한다.

수혁 OS 앞유리창 / 화염으로 가득한 시야

S# 87	추격 터널, 안 / 앞 도로	2020.03.22 23:08	N	CUT
	널로 진입하는 바이크, 수혁 차로 텀블러를 던지고 폭발이 인다		O	75

39

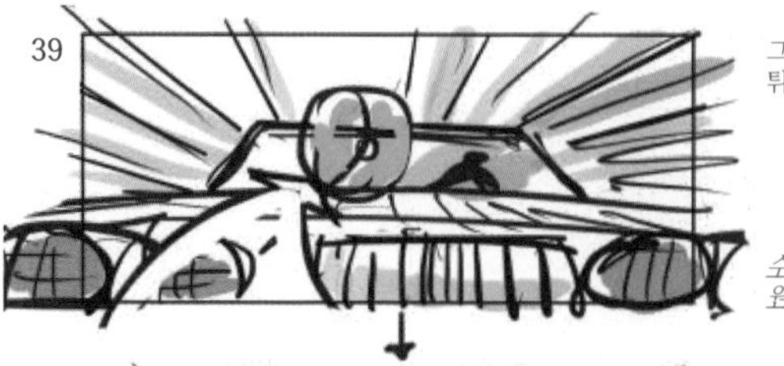

그때, 수혁 차 본네트 위로 원형 폭탄6이 튀어 오른다.

수혁 차 본네트 레벨 / 수혁 차 정면 타이트 ->
원형 폭탄6 프레임인 ->

원형 폭탄6이 본네트를 맞고 튕겨 수혁 차 위에서 펑! 터진다.

-> 원형 폭탄6이 터지는 것 까지

40

수혁 차 위에서 터지는 원형 폭탄6.
그 화염을 통과하는 수혁 차.

약부감 / 수혁 차 뒷부 FOLLOW ->

수혁 차가 화염을 뚫고 지나자 여기 저기서 터지는 폭탄들. (원형 폭탄 7,8) 이를 요리조리 피하는 수혁 차.

-> 원형 폭탄 7,8을 피하는 수혁 차 뒷부 FOLLOW ->

수혁 차 앞에서 원형 폭탄9가 터진다.

-> 터지는 원형 폭탄9 ->
스쳐 지나가는 수혁 차 뒷부 FOLLOW

S# 87	추격 터널, 안 / 앞 도로	2020.03.22 23:08	N	CUT
	널로 진입하는 바이크, 수혁 차로 텀블러를 던지고 폭발이 인다		O	75

41

정기 점검 중인 전기 배전판 앞으로
굴러가는 원형 폭탄10.

원형 폭탄10 FOLLOW PAN /
배전판 앞에 서는 것 까지

42

데구르르 굴러 배전판 앞에 툭, 멈추는 원형 폭탄10.

원형 폭탄10 타이트 앵글 / 원형 폭탄10 프레임인 부터

43

전기공사 현장2 배전판 앞에 툭,
멈춰선 폭탄.

<초고속 / 야외에서 따로 촬영>
폭탄 굴러 들어오는 것 부터 / 전기공사 현장2 배전판 F.S ->

수혁 차가 지나는 순간,
폭발하는 전기공사 현장.

<초고속 / 야외에서 따로 촬영>
-> 수혁차 측면 F.S / 폭파 순간 고속 걸림

44

수혁 옆에서 쾅! 터지는 전기공사 현장2.
폭발의 여파로 깨지는 운전석 창문.

<초고속 / 야외에서 따로 촬영> _수혁 측면 M.S /_
_폭파 순간 고속 걸림_

S# 87	추격 터널, 안 / 앞 도로	2020.03.22 23:09	N	CUT
	널로 진입하는 바이크, 수혁 차로 텀블러를 던지고 폭발이 인다		O	75

45

깨지는 창문 유리와 폭파 열기를 피해
전기공사 현장2를 빠르게 지나쳐오는 수혁.

<초고속 / 야외에서 따로 촬영> 수혁 정면 W.S

46

수혁 차가 빠르게 지나가면

부감 F.S / 수혁 차 프레임아웃 ->

터널 불이 파팍! 하고는 꺼진다.

-> 터널 불 꺼지는 것 까지

47

헤드라이트를 켜고 전방을 주시하며 달리고 있는
수혁. 사방이 까맣게 어두워지자
더더욱 집중하며 운전한다.

수혁 차에서 나오는 헤드라이트 -> TILT UP ->
-> 가까워지는 수혁 차 정면 T.F.S ->
수혁 정면까지

S# 87	추격 터널, 안 / 앞 도로	2020.03.22 23:09	N	CUT
	널로 진입하는 바이크, 수혁 차로 텀블러를 던지고 폭발이 인다		O	75

48

맞은 편에서 다가오는 보출차3.

카메라 수혁 차 안 / 수혁 OS 앞유리창 -> 다가오는 보출차3 까지

49

마주오는 보출차3. 상향등에서 하향등으로 라이트를 바꾼다.

수혁 POV / 라이트를 상향등->하향등 바꾸는 것 까지

50

마주오는 보출차3의 라이트 불빛에 눈을 찌푸리는 수혁.

수혁 정측면 B.S

51

수혁이 눈을 찌푸린 잠깐 사이,
보출차3 뒤에서 나타나는 진아 바이크.
우진이 네일건을 쏘며 수혁 차를 향해 무섭게 다가온다.

수혁 OS 앞유리 / 진아 바이크 나타난다 ->PAN -> ***<유리창에 박히는 못 CG>***

우진이 쏜 네일건이 수혁 차 유리창에 퍽! 퍽! 꽂히고

-> 수혁 OS 진아 바이크 측면까지
FOLLOW PAN ***<유리창에 박히는 못 CG>***

S# 87	추격 터널, 안 / 앞 도로	2020.03.22 23:09	N	CUT
	널로 진입하는 바이크, 수혁 차로 텀블러를 던지고 폭발이 인다		O	75

52

빠른 속도로 스쳐 지나가는 진아&우진과 수혁.

우진 뒷모습 걸고 수혁 차 FOLLOW PAN
<유리창에 박히는 못 CG>

53

빠른 속도로 스쳐 지나가는 진아&우진과 수혁.

진아 바이크 뒷부 & 수혁 차 정면 T.F.S ->
진아 바이크 FOLLOW ->

수혁 차가 지나가버리자 끼익, 급정거하며 바이크 방향을 돌리는 진아.

-> 진아 바이크 끼익 서서 방향 바꾸는 것 까지

54

진아 바이크가 멈추자 끼익 멈추는 수혁 차.
(그 옆을 지나가는 보출차3.)

수혁 차 뒷부 F.S FOLLOW IN ->

브레이크 등이 들어온 채 멈춰 선 수혁 차.

-> 수혁 차 뒷부 브레이크등 위주 T.F.S 까지

S# 87	추격 터널, 안 / 앞 도로	2020.03.22 23:09	N	CUT
	널로 진입하는 바이크, 수혁 차로 텀블러를 던지고 폭발이 인다		O	75

55

룸미러로 뒤를 보는 수혁.

수혁 정측면 B.S

56

룸미러에 뒤에 서있는 진아 바이크가 보인다.

룸미러 속 진아 바이크 F.S

57

헬맷 쉴드를 열어 수혁 차를 보는 진아.
미친 듯이 흥분하는 우진.

진아 & 우진 정면 B.S

58

부릉~부릉~ 바이크를 공회전 시키는 진아.

바이크 엑셀을 부릉부릉 땡기는 진아 손 C.U

S# 87	추격 터널, 안 / 앞 도로	2020.03.22 23:09	N	CUT
	널로 진입하는 바이크, 수혁 차로 텀블러를 던지고 폭발이 인다		O	75

59

공회전하는 진아 바이크 뒷바퀴.

공회전하는 바이크 뒷바퀴 타이트 ->

수혁 차를 향해 빠른 속도로 질주하는 진아 바이크.

-> 진아 바이크 뒷부 F.S -> 출발하는 것 까지

60

수혁 차를 향해 네일건을 마구 쏘며 달리는 우진.

진아 바이크 정면 리깅 / 우진 네일건 쏘는 것 까지

61

거칠게 기어를 바꾸는 수혁.

LOW / 수혁 M.S

62

부릉 엑셀을 밟는 수혁.

수혁 차 엑셀 타이트

S# 87	추격 터널, 안 / 앞 도로	2020.03.22 23:09	N	CUT
	널로 진입하는 바이크, 수혁 차로 텀블러를 던지고 폭발이 인다		O	75

63

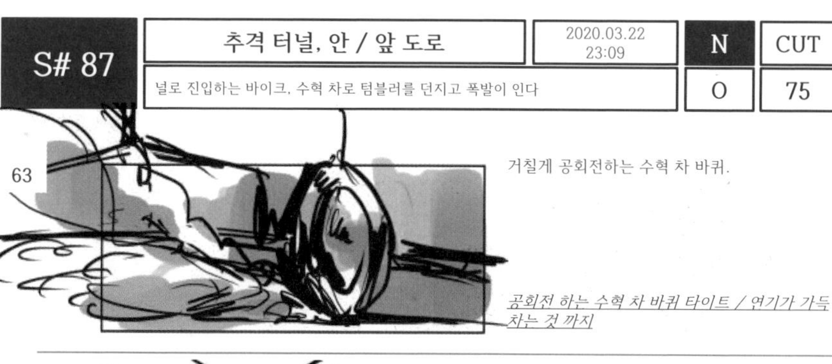

거칠게 공회전하는 수혁 차 바퀴.

공회전 하는 수혁 차 바퀴 타이트 / 연기가 가득 차는 것 까지

64

공회전으로 인한 연기가 순식간에 자욱해지며
부릉~ 출발하는 수혁 차.

수혁 차 뒷부 F.S / 공회전으로 인해 연기가 가득 차고 수혁 차를 다 가린다 ->

네일건을 쏘며 빠르게 화면에 나타나는 진아&우진.

-> 진아 바이크 뒷부 F.S 걸고 가득한 연기 ->
진아 바이크 FOLLOW IN ->

진아 바이크가 연기를 뚫고 지나가면
앞서 달려가는 수혁 차가 보인다.

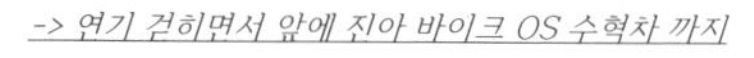

-> 연기 걷히면서 앞에 진아 바이크 OS 수혁차 까지

65

네일건을 쏘며 수혁 차를 쫓는 진아 & 우진.

진아 바이크 정측면 T.F.S / FOLLOW

S# 87	추격 터널, 안 / 앞 도로	2020.03.22 23:09	N	CUT
	널로 진입하는 바이크, 수혁 차로 텀블러를 던지고 폭발이 인다		O	75

66

팅!팅! 우진이 쏜 네일들이 수혁 차 뒷부에 맞는다.
빠른 속도로 달리는 수혁 차.

진아 바이크 정측면 T.F.S / FOLLOW

67

룸미러로 뒤를 확인하는 수혁.

수혁 정측면 B.S / 룸미러로 시선 주는 것 까지

68

맹렬히 쫓아오는 진아 바이크.

룸미러 속 진아 바이크 T.F.S

69

수혁의 눈 앞에 터널 출구가 보이고,
출구 바로 앞 방호 PE와 흙더미들이 보인다.

수혁 OS 앞유리창 / 터널 출구가 보이는 것 까지

70

사이드 브레이크 올리는 수혁.

사이드 브레이크 잡는 수혁 손 C.U

S# 87	추격 터널, 안 / 앞 도로	2020.03.22 23:09	N	CUT
	널로 진입하는 바이크, 수혁 차로 텀블러를 던지고 폭발이 인다		O	75

71

빠르게 핸들 돌리는 수혁.

LOW / 수혁 정면 M.S

72

끼익- 드리프트하며 수혁 차가 미끄러지며 돌기 시작한다.

수혁 차 정면 F.S / FOLLOW -> 차체 돌기 시작 ->
<터널 나옴과 동시에 차체 돌기 시작>

왼쪽으로 반원 회전하며 미끄러지는 수혁 차.

-> 빙글 도는 수혁 차 -> FOLLOW OUT ->

180도 회전하며 미끄러지는 수혁 차.

-> 180도 돌아 수혁 차 뒷부 F.S 까지

S# 87	추격 터널, 안 / 앞 도로	2020.03.22 23:09	N	CUT
	널로 진입하는 바이크, 수혁 차로 텀블러를 던지고 폭발이 인다		O	75

73

수혁 차가 진아 바이크가 다가오는데도 360도
드리프트 회전하며 출구를 막자

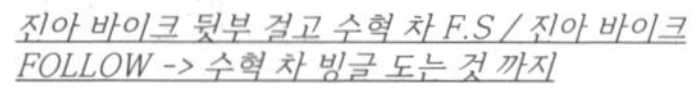

진아 바이크 뒷부 걸고 수혁 차 F.S / 진아 바이크 FOLLOW -> 수혁 차 빙글 도는 것 까지

빠른 속도로 나오던 진아 바이크가
수혁 차와 점점 가까워진다.

-> 진아 바이크 멈칫 하는 것 까지

74

수혁 차가 갑자기 길을 막아 서자 깜짝 놀라는 우진.

진아 바이크 정면 W.S / FOLLOW OUT

S# 87	추격 터널, 안 / 앞 도로	2020.03.22 23:09	N	CUT
	널로 진입하는 바이크, 수혁 차로 텀블러를 던지고 폭발이 인다		O	75

75

미처 피할 새도 없이 빠른 속도로 수혁 차를 향해 돌진하는 진아 바이크.

진아 바이크 측면 F.S FOLLOW ->

360도 회전하던 수혁 차 엉덩이에 진아 바이크 앞바퀴가 부딪히며

-> 빙글 도는 수혁 차 뒷부로 진아 바이크 앞바퀴 치는 것 까지 ->

옆으로 회전하며 밀리는 수혁 차.
진아 바이크는 미끄러지며 진아와 우진이 바이크에서 떨어진다.

-> 수혁 차에 부딪히는 진아 바이크 ->
수혁 차 프레임아웃 ->

미끄러지는 바이크와 나가 떨어지는 우진과 진아.

-> 미끄러지는 바이크 FOLLOW ->
방호 PE들에 부딪히는 진아&우진 ->

우당탕 방호 PE에 부딪히는 진아와 우진.

-> 미끄러지는 바이크 FOLLOW 까지

촬영 개요

TAKE

촬영내용

딸을 찾기 위해 우진(김남길 役)의 바이크를 쫓는 수혁(정우성 役)의 차
우진의 바이크와 수혁의 차가 공사가 진행중인 터널로 들어가고 숨막히는 추격전이 펼쳐진다.

촬영일정

2020년 3월 ~ 4월 中 4~5회차 촬영 예정
* 바이크 및 차량의 일부 장면은 별도로 진행될 예정입니다.

촬영시간

P.M 7시 ~ 익일 A.M 5시 30분 까지 진행

촬영장소

춘천 ○○○ 터널 (강원 춘천시 사북면 고성리 산102번지 인근)
- 양방 2차선 구간 (상행 : 춘천 ~ 화천 / 하행 : 화천 ~ 춘천)

*촬영 일정 및 시간은 상호 협의하여 진행 예정입니다.

촬영 장소

TAKE

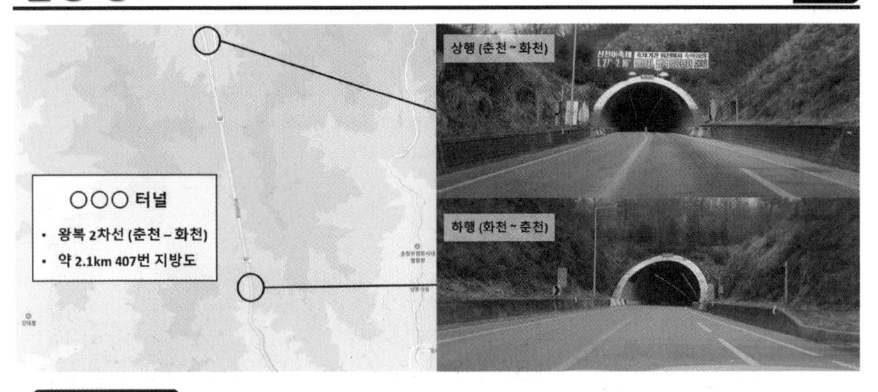

촬영목적

허구의 장소에서 컴퓨터 그래픽, 세트 등으로 만들어진 장면보다
실존하는 장소에서 실제로 촬영된 장면은 보는 사람들로 하여금 느낌부터가 다릅니다.
한적한 주변과 쭉 뻗은 터널 속에서 펼쳐지는 리얼 액션으로 이전과는 다른
보다 현실적인 장면으로 관객들에게 새로운 재미, 짜릿한 스릴을 드리고자 노력하겠습니다.

○○○ 터널 선정 이유

TAKE

터널의 길이

자동차와 바이크의 주행 장면을 찍을 수 있는 최소 길이 1km 이상이며, 터널의 끝에서 끝이 보이 않고,
상행 및 하행의 입 출구가 약간의 곡선 및 경사로 되어 있어 터널 씬을 찍기에 용이함.

우회 도로

○○○ 터널 양방향 진출입로 옆에는 현재 사용하고있지 않지만, 정비되어 있는 우회 도로가 존재. (아래 지도 참조)우회도로를 활용하여, ○○○ 터널을 이용하는강원도민의 불편을 최소화 할 수 있음.

우회 계획 – 사전 홍보

TAKE

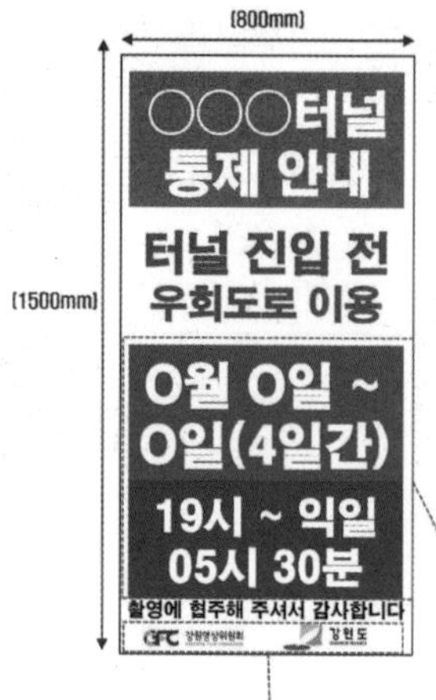

현수막 제작

좌측 현수막 제작하여 촬영 1주일 전, 터널 진입 1km 전 부터 차량 운행에 방해되지 않게 양방향 각 5개씩 – 10개 설치 (아래 설치 예시 이미지 참조)

촬영협조기관 CI 예시
협의 후 기입 예정

촬영 기간 및 시간
협의 진행 후
확정문구 기입 예정

우회 계획 – 우회도로 정비

TAKE

사전 정비

- 수년간 사용하지 않은 우회도로에 떨어져 있을 낙석 제거 작업
- 도로를 안전하게 사용할 수 있도록 통행에 지장을 줄 수 있는 잡풀 및 나무 등을 사전에 정비 완료

* 상기 이미지는 2020년 1월 22일 현장 사진입니다.

∴ 사전에 우회도로 정리를 위해 진입 게이트를 본 영화팀에게만 개방 협조 요청

우회 계획 – 야간 통행

TAKE

조명기 설치

- 야간에 이동하는 도민 차량이 안전하게 이동할 수 있도록 아래와 같은 조명기 설치

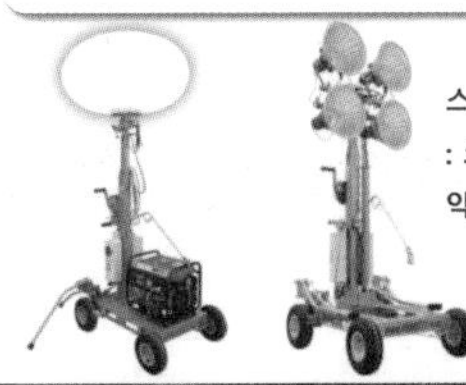

스탠드형, 이동형 타워라이트
: 코너와 같은 어두운 곳
약 6개소에 설치 ○

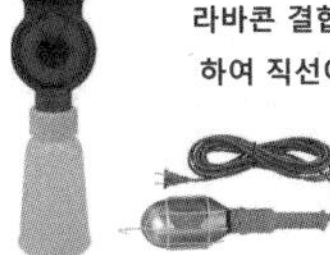

라바콘 결합등, 작업등 들은 발전기를 이용하여 직선이 긴 구간과 타워라이트 미설치 구간에 설치하여 야간 통행시 운전자의 안전 확보

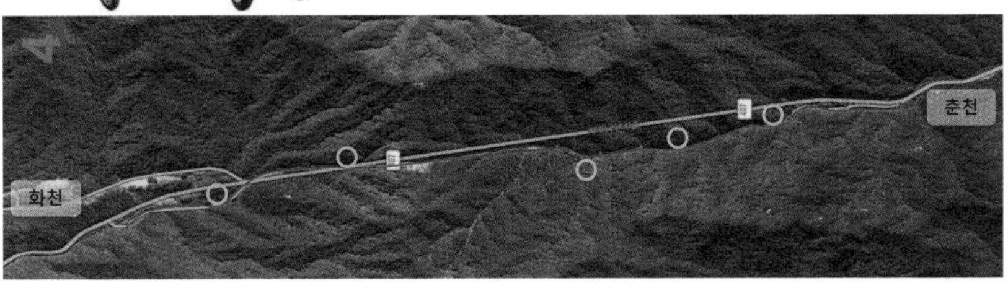

∴ 정확한 설치 위치를 파악하기 위한 본 영화팀에게만 사전 개방 협조 요청

우회 계획 – 바리게이트 및 안전관리

TAKE

순찰팀 진행

- 통제 후 1시간에 3회, 약 20분 기준으로 우회도로 순찰팀(차량 1대, 2인) 운영
- 사고에 대비하는 응급팀 사전 현장 배치

∴ 사전에 우회도로 정리를 위해 진입 게이트를 본 영화팀에게만 개방 협조 요청

우회 계획 – 안전관리

TAKE

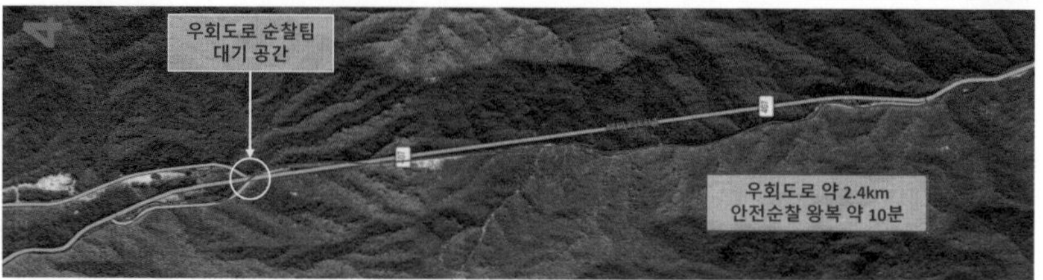

순찰팀 진행

- 주 순찰 내용
  1) 안내 조명기 상태 확인(예비 전구, 발전기 여분 석유)
  2) 도로 내 방해물 상태 확인(낙석 유무, 낙엽, 나뭇가지 등)
- 도로내 정비가 필요할 시 야간 삼각대, 투광기 등 운전자에게 충분히 인지가 되도록 서행 안내하며 작업 진행

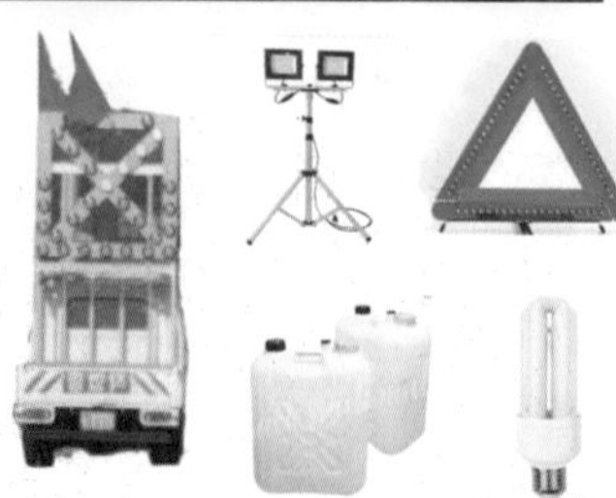

*사인보드차량 및 도로 순찰, 점검 안전 장비들

∴ 사전에 우회도로 정리를 위해 진입 게이트를 본 영화팀에게만 개방 협조 요청

통제 계획 – 춘천~화천 방면

TAKE

통제 장비

- 사인보드차량으로 좌측 우회도로로 진입 유도
- PE방호벽으로 바리게이트 위치 옆으로 통제 공간 확보
- 안내 입간판 설치로 사전 방향 유도

* 상기 이미지는 2020년 1월 22일 현장 사진입니다.

통제 계획 – 화천~춘천 방면

TAKE

화천에서 춘천 방면은 아래 지도 삼거리에서 우측으로 우회 유도하여 춘천 방면으로 안내

* 상기 이미지는 2020년 1월 22일 현장 사진입니다.

통제 계획 – 화천~춘천 방면 내부 삼거리

TAKE

우회로 내부에 존재하는 삼거리에서 407번 지방도로 갈수 있도록 안내.

삼화리에서 나오는 차량은 우회로를 이용할 수 있도록 안내

통제 계획 – 화천~춘천 방면 내부 삼거리
TAKE
춘천
삼화리
방면
바리게이트
화천
* 사용된 이미지는 2020년 1월 22일 현장 사진입니다.
삼화리
방면
화천
- 삼화리 출입하는 차량은 우회도로 안내함.
- 터널 이용 차량은 이곳에서 삼화리로
가지 않도록 입간판을 설치하여 안내함
바리게이트위치(사진 뒤편)

91. 도로 옆, 공사 구간 - 밤

수혁이 진아의 다리를 잡아 끌어다 우진 옆에 놓는다.
헬멧 쉴드를 올려 진아를 확인하는 우진.

우진　괜찮아?

쉴드가 올려짐과 동시에 눈을 번쩍 뜨며 호흡을 몰아쉬는 진아.

진아　잠깐만 놔봐.. 아...

온몸의 통증을 느끼며 헬멧을 벗고 우진 옆에 기대는 진아.
우진과 진아의 앞에 선 수혁.

수혁　인비 어디 있어?
진아　(전혀 기죽지 않고 오히려 웃음을 터트리며) 아, 뭐야?
그 아이가.. 그렇게 소중해? 그러면 너만 죽으면 돼!
수혁　....

손에 들고 있던 우진의 네일건을 진아의 허벅지에 그대로 발사하는 수혁.
대못이 진아의 허벅지에 박히고 그 옆 바닥으로 몇 발 튕겨 나간다.

진아　아!!! 뭔데 니가 그래? 인비는 아빠 없다던대 ㅋㅋㅋ
너만.. 죽으면.. 모두가 원하는 걸.. 얻을 수 있어.
그럼 인비도 엄마한테 갈 수 있고. 아빠가 그것도 못 해줘??

우진은 진아에게 그런 말 하지 말라고 인상을 구기며 손을 휘젓고,
입술에 손가락을 가려가며 호들갑을 떤다.
진아의 머리에 네일건을 겨누는 수혁.

수혁 지금 말해주면 더 이상 다치지 않을 거야.

진아 아 그걸 믿으라고.. 어떻게, 어떻게 믿어?

진아의 팔뚝에 네일건을 발사하는 수혁.
더 이상 안 되겠다 싶어 수혁과 진아 사이를 막아서는 우진.

우진 (깜짝 놀라 악을 지르며) 노노노노~~!! 아, 알았어.
하.. 하지 마! 하지 마!
믿어야지. 누군가는 믿어야 이 상황이 끝나겠지.

우진, 일그러진 표정으로 수혁과 진아를 번갈아 바라본다.

92. 진아 아지트, 실내 - 밤

관람차 문이 조심스럽게 열리면 비어 있는 시리얼 그릇이 보이고,
그 너머로 밖으로 통하는 입구 앞에 쪼그리고 앉아 있는 쇼이가 보인다.
불안한 마음으로 쇼이를 살피며 관람차 밖으로 나오는 인비.
쇼이를 피해 반대편 쪽으로 움직인다. 그런 인비를 멀뚱히 바라보는 쇼이.
조심스럽게 걸음을 옮기던 인비.
수영장을 사이에 두고 쇼이의 반대편에서 쇼이와 마주 본다.
인비를 보던 쇼이, 몸을 일으켜 인비를 가만히 바라보다
갑자기 무서운 속도로 인비가 움직였던 방향으로 달리기 시작한다.
그런 쇼이를 보고 화들짝 놀라 달리기 시작하는 인비.
쇼이가 두 개의 코너를 순식간에 돌아 직선 코스로 인비의 뒤를 따른다.
전속력으로 쇼이를 피해 코너를 도는 인비 뒤로 달려오는 쇼이가 보인다.
수영장 옆 공간과 맞닿아 있는 벽 위로 깨진 유리창이 보이고,
창을 넘는 인비.

93. 도로 주변 공터 - 밤

라이트가 켜지고 출발하는 수혁의 차.
차 안에서 뒤를 돌아보는 우진.
차 뒤로 절뚝이며 도로로 나와 멀어지는 차를 황망하게 바라보는 진아.
우진이 속삭인다. "금방 데리러 올게…"

94. 진아 아지트, 실내 - 밤

다급하게 문손잡이를 잡아 돌리는 인비의 손.

찰박찰박~ 바닥과 마찰음을 내며 수영장에서 나와 모습을 드러내는 쇼이.

긴장하는 인비. 으르렁대며 인비에게 다가가는 쇼이.

벌벌~ 떨며 꼼짝도 못 하는 인비를 향해 사납게 달려드는 쇼이.

그 순간 잠겨 있던 문이 열리고 누군가의 실루엣이 보인다.

달려오던 쇼이가 점프하여 실루엣 남자에게 날아들 듯 덮치고

남자는 들고 있던 쇠지레를 공중에 뜬 쇼이의 턱 밑으로 휘둘러

그대로 쇼이를 밖으로 내던진다.

바닥에 내동댕이쳐지는 쇼이의 육중한 몸.

그대로 굳어있는 쇼이. 쇼이 너머 실루엣의 남자.

웅크리고 있던 인비가 고개를 들어 문 쪽을 바라보면,

안으로 들어서며 모습을 드러내는 게르.

게르 너 누구야? 혼자 있는 거야? (몽골어)

그때 강한 엔진 소리가 들려오고, 그 소리에 고개를 돌려 보는 게르.

95. 도로 주변 공터 - 밤

절뚝이며 걷고 있는 진아. 네일건에 맞은 팔을 손으로 감싸 쥐고 있다.
그렇게 걷고 있는 진아의 뒤로 다가오는 불빛이 보이고, 돌아보는 진아.

96. 진아 아지트, 마당 / 실내 - 밤

적막한 건물 앞으로 수혁의 차가 들어서고, 운전석에서 내리는 수혁.
보조석에서 내리는 우진. 알 수 없는 표정으로 라이트가
비춰진 앞쪽으로 나와 바닥에 주저앉는다.
목에 쇠지레가 꽂혀 죽어 있는 쇼이의 몸 일부가 보이고,
괴로운 듯 슬픈 듯 알 수 없는 우진의 표정.
자동차 시동이 꺼짐과 동시에 라이트도 꺼지고 주변은 조용해진다.
쭈그려 앉아 있는 우진의 뒷모습을 보다 건물을 바라보는 수혁.

[실내]

쇼이 목에 꽂혀 있던 쇠지레를 쥐고 안으로 절뚝이며 들어서는 우진.
그 뒤를 조심스럽게 따르는 수혁.
앞쪽 어두운 실내에 버티고 선 게르의 커다란 실루엣.
우진, 수혁을 힐끔 돌아본 후 불편한 다리를 절뚝이며
쇠지레를 바닥에 질질 끌어 게르에게 다가간다.

우진 강 이사가 보냈지?

우진과 게르 쪽을 살피다, 내부 공간을 훑어보며 인비를 찾는 수혁.

겁에 질린 눈으로 주저앉아 몸을 잔뜩 웅크린 인비.
수영장이 있는 공간 쪽에 쭈그려 앉아 밖의 상황이 궁금한 듯
벽 뒤로 얼굴을 내밀어본다.
벽 뒤에서 살짝 드러난 인비의 작은 실루엣이 수혁의 눈에 들어온다.

만신창이가 된 몸을 종종걸음으로 끌며 의기양양하게 거대한
게르 앞으로 다가선 우진.
게르를 올려다보고 씨익~ 웃으며,

우진 야, 일단 저 새끼 좀 어떻게 하고 나랑 이야기 좀 하자.

그러다 갑자기 한 손에 쥔 쇠지레를 있는 힘을 다해
게르를 향해 휘두르려는 우진.
순간적인 반사작용으로 휘두른 게르의 주먹이 빨랐다.
우진의 턱에 게르의 주먹이 꽂히고, 그대로 바닥으로 무너져내리는 우진.

게르, 수혁에게 성큼성큼 다가간다.

밖에서 들리는 소리에 잔뜩 긴장하는 인비.
작은 몸을 숨길 곳이라고는 관람차뿐이다.

빠르게 관람차로 들어가 문을 닫는 인비.

수혁과 게르의 싸움.
커다란 덩치에도 불구하고, 빠른 스피드로 수혁을 밀어붙이는 게르.
간간이 수혁이 날리는 주먹을 독특한 동작으로 튕겨버린다.
상대에게 몇 대씩 주먹을 꽂는 두 사람.
커다란 원을 그리며 게르의 킥이 복부를 강타하면,
수혁의 몸이 공중으로 솟구쳐 뒤쪽으로 나가 처박힌다.
성큼 다가가 수혁의 멱살을 잡고, 공중으로 들어 올리는 게르.
업어치기 하듯 허리를 숙이면, 수혁의 몸이 180도 회전하며 바닥에 꽂힌다.
동시에 게르의 팔 사이에 다리를 넣고 비트는 수혁.
우지끈- 소리와 함께 게르의 어깨가 빠진다.

몸을 일으켜 게르와 거리를 만드는 수혁.
게르가 몸을 무겁게 일으키면, 수혁이 온몸에 힘을 실어 게르를 향해 달려들고,
두 사람이 충돌하며 쌓여 있던 물건들을 부수고 옆 공간으로 나가떨어진다.
매서운 눈으로 몸을 일으키는 게르.
수혁이 그 앞에서 숨을 헐떡이며 노려보고 있다.
잠시 서로를 경계하다 벽으로 향하는 게르.
이를 악물고 벽을 향해 자신의 어깨를 강타한다.

쿵쿵!! 벽을 울리는 소리와 함께 다시 맞춰지는 게르의 어깨.
어느새 뒤로 다가온 수혁이 빠르게 주먹을 날리고, 그대로 버티는 게르.
두 사람이 격렬하게 펀치와 킥을 주고받으며 엉킨다.

힘에서 앞선 게르의 카운터가 수혁의 얼굴을 정면으로 강타한다.
나가떨어지는 수혁.
쓰러진 수혁을 보는 게르의 목덜미로 빽~ 하고 박히는 무언가..
게르가 움찔하며 몸을 돌리면, 자신이 휘두른 쇠지레를
손에서 놓으며 뒤로 주춤거리는 우진.

우진 니가, 이 씨발아. 쇼이를 죽여!
우리 진아가 얼마나...

게르가 휘두르는 주먹에 그대로 또 한 번 실신하는 우진.
게르가 힘겹게 몸을 돌려 수혁을 마주하면, 힘겹게 몸을 일으키려 애쓰는 수혁.
호흡이 불안한 게르가 주춤 한두 걸음 뒤로 밀리듯 주저앉는다.
씩씩~ 호흡이 거칠어지며 동작을 멈추는 게르.

손으로 따갑게 눈을 자극하는 피를 훔치는 수혁.
숨을 고르며 인비가 있던 공간으로 몸을 움직인다.
수영장 공간으로 들어와 살피면, 한쪽 구석 관람차 안에서
공포에 싸인 눈빛으로 이쪽을 보고 있는 인비가 수혁의 눈에 들어온다.
인비에게 다가가려던 수혁, 순간 얼굴에 흘러내리는 피가 느껴진다.
이런 몰골로 인비를 대면할 수 없다.
수영장 안 물이 담긴 작은 풀 앞에 무릎을 꿇고 피를 씻어내는 수혁.
관람차로 다가가는 수혁의 시선.
문을 열고 잔뜩 겁에 질린 인비 앞에 무릎을 꿇고 앉는 수혁.

인비　　누구세요, 아저씨?

인비의 말에 쉽게 말문을 못 열고 고개를 숙이는 수혁.
잠시 감정을 추스르고, 고개를 들어 인비를 바라보며..

수혁　　집에 가자, 인비야.

하며 수혁이 손을 내밀면,
잠시 망설이던 인비가 수혁의 손 위에 자신을 손을 올려 잡아준다.
꼭 맞잡은 수혁과 인비의 손. 수영장이 있는 공간을 빠져나간다.

수영장 옆 공간으로 나오면 바닥에 있던 우진의 모습이 보이지 않는다.
출입구 쪽을 보는 수혁. 진아가 우진을 부축해 나가는 모습이 보인다.
문밖으로 두 사람의 모습이 사라지고, 불안한 표정으로
아지트 내부를 빠르게 훑어보는 수혁.
안쪽 테이블에 빨간 불이 번쩍이는 텀블러와 원형 폭탄들이 놓여 있다.
남은 온 힘을 다해 인비를 부둥켜안고 풀 안으로 뛰어드는 수혁.
인비를 안은 수혁이 물이 담긴 작은 풀로 뛰어드는 순간, 콰광!!

물속에서 인비를 꼭 안고 있는 수혁 위로 화염이 덮친다.

97. 진아 아지트, 마당 - 새벽

쾅!! 쾅!! 쾅!! 거대한 폭발음과 함께 화염이 건물 유리창과
문을 뚫고 나와 솟아오른다.
순식간에 화염이 올라왔다 가시는 건물.

수혁의 차 트렁크 쪽에 쭈그리고 앉아 있는 우진과 진아.
진아가 손에 들고 있던 리모컨을 바닥에 던지며,

진 아 그 멍청한 새끼 때문에 다 망쳤어. 혼자만 죽으면 끝날 일인데.

지친 표정의 우진. 두 번의 큰 타격에서 깨어나 정신이 몽롱하다.
진아가 가로로 맨 가방 안엔 현금 다발이 가득하다.

우 진 아, 배고파. 씨발.

진 아 이제 여기 정리하고 뉴욕에나 가자.

우 진 우리 돈 받으러 가자. 따따블은 더 받아야겠어.

진 아 뉴욕 안 가봤다고 그랬지?

펑~ 건물에서 작은 폭발이 한 번 더 일어난다.

98. 진아 아지트, 실내 - 새벽

화염이 지나간 내부. 커다란 욕탕이 위에서 내려다보이고,

수혁이 인비를 꼭 안고 웅크린 채 물속에 잠겨 있다.

물속에서 고개를 쳐드는 수혁. 숨을 가쁘게 몰아쉬며 인비의 상태를 살핀다.

99. 들판 - 이른 아침

흉측하게 망가진 수혁의 차가 들판에 힘없이 멈춰 선다.

차 유리는 다 깨져 있고, 엔진룸에서는 연기가 피어오르고 있다.

잔뜩 얼굴을 찡그리는 우진.

우 진 이게 주인이 뒈졌다고 지도 죽어버리네.

폰 줘봐. 돈 주러 오라고 전화하게.

진아, 주머니에서 휴대폰을 꺼내 우진에게 건네며..

진 아 (신기한 듯) 번호를 외워?

우 진 응, 이 새끼 번호랑 니 번호만.

진 아 헐~

우 진 (전화를 하며) 돈 받으면 이 새끼도 죽일까?

진 아 (우진을 바라보며) 그럼 뭐가 좋은데?

우 진 몰라. 생각 안 해봤네.

진아의 시선에 들판 저쪽에서 검은 SUV 한 대가 달려오는 것이 보인다.

우진 이 새끼 왜 전화를 안 받아. 뉴욕 좋아?

진아 응, 엄청 재미있지. 크리스틴 그년 잘 있나?
내 샤넬 백 빌려가서 쌩까고. 아, 스티븐.. 그 개바람둥이도 잘 있나…
나한테 더럽게 찝쩍거리던 놈인데…

진아의 말을 들으며 귀에 전화기를 댄 상태로 가까워지는
자동차 소리 쪽을 돌아보는 우진.

우진 너도 이제 제대로 된 남자 좀 만나야…

말을 하는 우진의 표정이 멍하다.
수다스럽게 말을 하던 진아도 우진 쪽을 돌아보면 표정이 멍해진다.

속도를 높여 수혁의 차를 향해 돌진하는 SUV.
그대로 수혁의 차 측면을 충돌하며 밀고 들어온다.
거대한 파열음과 함께 공중으로 날아가 전복되는 수혁의 차.

뒤집힌 수혁의 차 바닥에 깜박이는 위치추적기가 보인다.
큰 충돌에도 멀쩡해 보이는 SUV.
성준이 목을 좌우로 흔들며 차에서 산탄총을 들고 내린다.

주변을 살피며 뒤집힌 수혁의 차로 다가가는 성준.

허리를 숙이고 안을 들여다보면, 우진과 진아가 피를 흘리며 구겨져 있다.
가방에서 쏟아져 나온 지폐들이 차 안에 흩어져 있고…
황당한 표정으로 소리를 지르는 성준.

성준 야! 니들이 왜 여기 있어?

눈을 깜박이며 거친 숨소리를 내는 진아.

성준 (악을 지르며) 그 새끼 어디 있어? 죽였어??
그 새끼는 어디 있고 왜 니들이 이 차에 있냐고?

성준의 시선으로 바라보면,
입에서 피를 토하며 헐떡이는, 괴기한 웃음을 짓고 있는 우진이 보인다.
품에 있던 네일건에 손을 얹는 진아.

우진 (간신히 나오는 소리) 돈이나 줘, 이 개새끼야. 따따블!
성준 하이, 나. 이 어처구니없는 것들.

성준이 뒤집어진 차 문을 어렵게 열고 산탄총을 들어 겨누는 순간,
끼리리릭~ 차 안에서 네일건이 발사되고,
동시에 성준이 뒤로 밀려 주저앉으며 발사되는 산탄총.
허리를 들어 꼿꼿하게 서서 힘을 주는 성준.
얼굴과 목 주위에 대못이 잔뜩 박혀 있다.
거꾸로 처박혀 숨을 헐떡이는 진아.
고개를 숙인 우진. 거친 호흡 소리가 점점 커진다.

S# 95	진아 아지트, 안	2020.03.23 0:23	N	CUT
	인비를 꼭 안고 물 속에서 화염이 잦아들 길 기다리는 수혁.		O	2

1

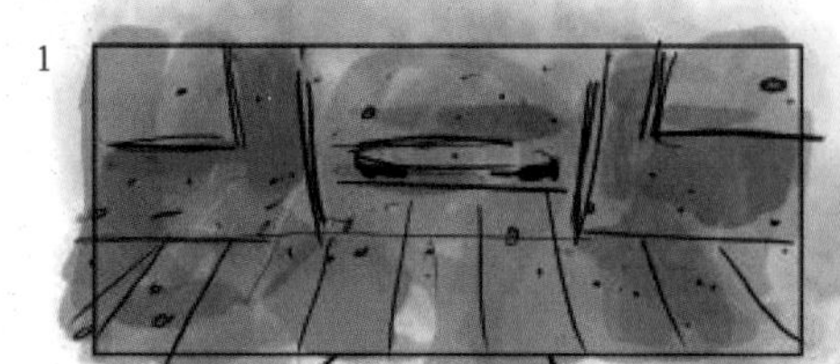

방금 전 터졌던 폭발의 불꽃과 연기가 잦아들며..
화염이 지나간 내부.

중앙통로 정면 -> TRACK IN ->

카메라 수영장 쪽으로 다가가면 물 속에 잠겨있는
수혁과 인비가 보인다.

-> 물 속에 잠겨있는 수혁 & 인비 F.S->
TRACK IN & BOOM UP ->

수혁이 인비를 꼭 안고 웅크린 채 물 속에 잠겨있다.

-> BOOM UP & TILT DOWN ->
물 속 수혁 & 인비 F.S 거의 직부감 ->

2

꼭 안고 있는 수혁과 인비. 두 사람.

***<수중촬영>** 수혁 & 인비 측면 M.S*

S# 96	들판 (한적한 사거리)	2020.03.23 06:49	Dawn	CUT
	수혁 차를 들이받는 성준 SUV, 차안의 우진과 진아를 보고 소리치는 성준		L	14

1

흉측하게 망가진 수혁의 차가 엔진룸에선 연기를 내며 덜덜덜 길을 달리고 있다.

수혁 차 측면 L.S

2

결국은 한적한 사거리에서 힘없이 시동이 꺼지는 수혁 차.

부감 / 사거리에서 멈추는 수혁 차 뒷부 L.S

3

차 유리는 다 깨져있고, 엔진룸에서는 연기가 피어오르고 있다.

수혁 차 측면 -> 좌TRACK & BOOM UP ->

잔뜩 얼굴을 찡그리는 우진.

우 진 　이게 주인이 뒈졌다고 지도 죽어 버리네.

-> 우진 & 진아 측면 W.S -> 우TRACKING ->

우 진 　폰 줘봐. 돈 주러 오라고 전화하게.

-> 우진 단독 M.S -> PAN ->

S# 96	들판 (한적한 사거리)	2020.03.23 06:49	Dawn	CUT
	수혁 차를 들이받는 성준 SUV. 차안의 우진과 진아를 보고 소리치는 성준		L	14

진아, 주머니에서 휴대폰을 꺼내 우진에게 건넨다.

-> 진아 M.S -> 우TRACKING & PAN ->

진 아　(신기한 듯) 번호를 외워?
우 진　응, 이 새끼 번호랑 니 번호만.

-> 진아 걸고 우진 M.S -> TRACK OUT ->

진 아　헐~
우 진　(전화를 하며) 돈 받으면 이 새끼도 죽일까?
진 아　(우진을 바라보며) 그럼 뭐가 좋은데?
우 진　몰라. 생각 안 해봤네.

-> 우진 & 진아 정면 W.S 2SHOT ->TRACK OUT ->

우 진　이 새끼 왜 전화를 안 받아. 뉴욕 좋아?
진 아　응, 엄청 재미있지. 크리스틴 그년 잘 있나?
내 샤넬 백 빌려가서 쨍까고.
아, 스티븐.. 그 개바람둥이도
잘 있나.. 나한테 더럽게 찝쩍거리던 놈인데..

-> 본네트 걸고 우진 & 진아 정면 2SHOT 까지

S# 96	들판 (한적한 사거리)	2020.03.23 06:50	Dawn	CUT
	수혁 차를 들이받는 성준 SUV, 차안의 우진과 진아를 보고 소리치는 성준		L	14

5

진아의 말을 들으며 귀에 전화기를 댄 상태로
가까워지는 자동차 소리 쪽을 돌아보는 우진.

우 진　　너도 이제 제대로 된 남자 좀 만나야..

말을 하는 우진의 표정은 멍하다.

우진 & 진아 측면 M.S -> FOCUS 이동 우진 ->

수다스럽게 말을 하던 진아도 우진 쪽을 돌아보면
표정이 멍해진다.

-> FOCUS 이동 -> 조수석 창문 돌아보는 진아까지

6

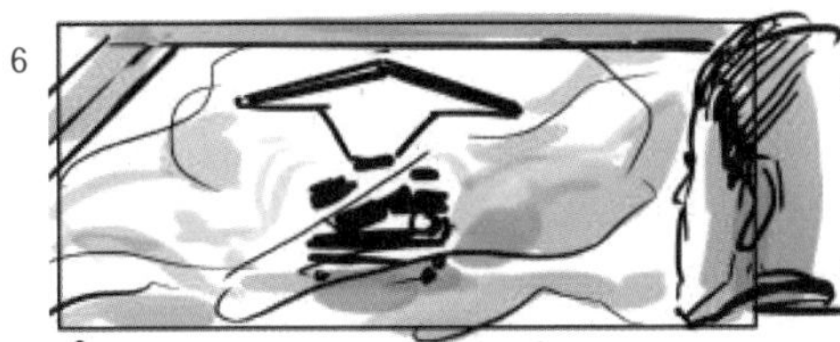

엔진룸에서 난 연기로 인해 시야가 가려진 우진.
다가오는 어떤 실루엣이 보이는데..

*우진 OS 연기 (수혁차 엔진룸에서 나는 연기) 너머
차량 실루엣 -> 차량 다가온다 ->*

점점 가까워지는 실루엣.
엔진룸 연기가 걷히면 조수석 쪽을 향해
똑바로 달려오고 있는 성준의 SUV가 보인다.

-> 우진 OS 성준 SUV 정면 달려오는 것 까지

S# 96	들판 (한적한 사거리)	2020.03.23 06:50	Dawn	CUT
	수혁 차를 들이받는 성준 SUV, 차안의 우진과 진아를 보고 소리치는 성준		L	14

7

조수석 쪽 창문을 바라보고 있는 우진과 진아.

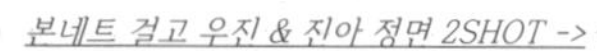

본네트 걸고 우진 & 진아 정면 2SHOT ->

콰광- 우진과 진아가 탄
수혁의 차를 박아버리는
성준의 SUV.

-> 우진 & 진아 정면 2SHOT ->
성준 SUV 프레임인 &
수혁 차 프레임 아웃->

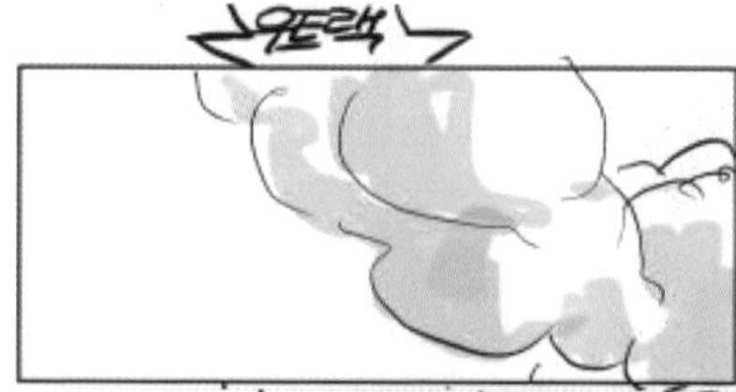

거대한 파열음과 함께 공중으로 날아가
전복되는 수혁 차.
멈춰서는 성준 SUV.

-> 성준 차 FOLLOW TRACKING ->

성준이 목을 좌우로 흔들며
차에서 산탄총을 들고
내린다.

-> 성준 FOLLOW PAN ->

조금 떨어진 곳에 수혁 차가 전복되어 있다.
수혁 차 쪽으로 다가가는 성준.

-> 성준 OS 수혁 차 F.S 까지

S# 96	들판 (한적한 사거리)	2020.03.23 06:50	Dawn	CUT
	수혁 차를 들이받는 성준 SUV. 차안의 우진과 진아를 보고 소리치는 성준		L	14

8

수혁 차로 다가오는 성준.
전원이 들어와 있던 위치 추적기 불이 꺼진다.

수혁 차 바닥에 붙은 위치 추적기 너머
다가오는 성준 F.S (FOCUS 위치 추적기)/
위치 추적기 불 꺼지는 것 까지

성준, 허리를 숙이고 안을 들여다보면,

-> 불 꺼진 위치 추적기 걸고 성준 ->
성준 FOLLOW BOOM DOWN ->

우진과 진아가 피를 흘리며 구겨져 있다.
가방에서 쏟아져 나온 지폐들이 차 안에 흩어져 있고..
황당한 표정으로 소리를 지르는 성준.

성 준 야! 니들이 왜 여기 있어?

-> 뒤집힌 수혁 차 안 우진&진아 W.S 너머
성준 앉은 F.S 까지

9

성 준 (악을 지르며) 그 새끼 어디 있어? 죽였어??
그 새끼는 어디 있고 왜 니들이
이 차에 있냐고?

뒤집힌 진아 & 우진 걸고 성준 W.S

S# 96	들판 (한적한 사거리)	2020.03.23 06:50	Dawn	CUT
	수혁 차를 들이받는 성준 SUV, 차안의 우진과 진아를 보고 소리치는 성준		L	14

10

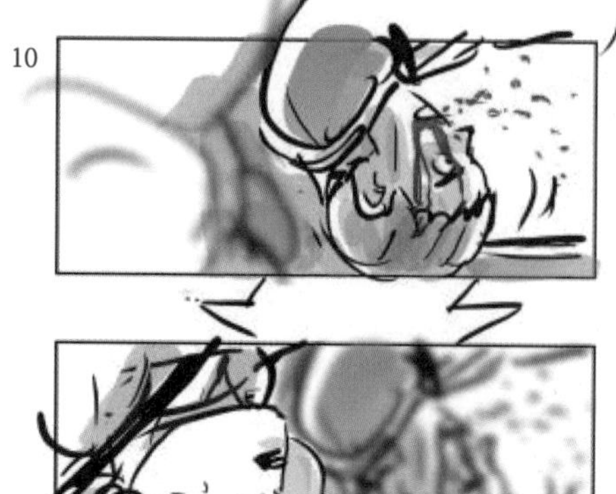

성준의 시선으로 바라보면, 입에서 피를 토하며
헐떡이며 괴기한 웃음을 짓고 있는 우진이 보인다.

우 진　(간신히 나오는 소리) 돈이나 줘, 이 개새끼야.
따따블!

뒤집힌 진아 OS 우진 측면 W.S -> FOCUS 우진 ->

거꾸로 매달려 힘겨워 하며,
품 안에 있던 네일건에 손을 갖다 대는 진아.

-> FOCUS 진아로 이동 까지

11

성 준　(운전석 문 열며) 하이, 나..
이 어처구니없는 것들.

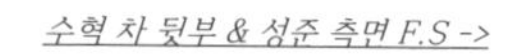

수혁 차 뒷부 & 성준 측면 F.S ->

성준이 뒤집어진 차문을 어렵게 열고
산탄총을 들어 겨누는 순간,

-> 성준 주저 앉으며 총 겨눈다 ->

끼리리릭~ 차 안에서 네일 건이 발사되고,
동시에 성준이 뒤로 밀려 주저앉으며
발사되는 산탄총.

-> 성준 총 한방 쏘고 -> 네일건 맞는 것 까지

S# 96	들판 (한적한 사거리)	2020.03.23 06:51	Dawn	CUT
	수혁 차를 들이받는 성준 SUV, 차안의 우진과 진아를 보고 소리치는 성준		L	14

12

허리를 들어 꼿꼿하게 힘을 주는 성준.
목과 가슴 주위에 못이 잔뜩 박혀있다.

성준 정면 M.S

13

성준의 총에 맞아 헐떡이는 진아.
진아가 쏜 네일건은 뒤집힌 차량 천정에 떨어져있다.

진 아 　　아우 씨발, 힘들어..

진아 측면 걸고 우진 W.S ->

숨을 헐떡이며 옆의 우진을 살피는 진아.

-> 진아가 우진 돌아보는 것 까지

14

거꾸로 처박혀 숨을 헐떡이는 진아.

우진 & 진아 측면 W.S ->
TRACK BACK & FOCUS 진아에서
우진으로 이동->

고개 숙인 우진. 거친 호흡 소리가 점점 커진다.

-> FOCUS 우진으로 이동까지

100. 들판 - 아침

인비를 품에 안고, 온 힘을 다해 걷고 있는 수혁.
축 늘어진 몸으로 눈을 감은 채 수혁의 품에 안겨 있는 인비.
수혁의 시선 저 앞에 전복된 자신의 차가 보인다.
성준의 SUV는 누군가 움직인 듯 위치가 바뀌어 저 멀리 서 있다.
뒤집힌 차 안에서 룸미러에 걸어두었던 민서의
묵주 목걸이를 챙기는 수혁의 손.
뒤집힌 차를 지나다 걸음을 멈추는 수혁. 바닥에 흩날리는 지폐들.
돌아보면 우진이 차체에 몸을 기대어 늘어져 있고,
그 옆으로 상반신이 나온 진아가 누워 있다.

우진 아.. 저 개..독한.. 내가 알아봤어.

진아 저.. 게(딸꾹) 아직도 안 죽어서(딸꾹)
저...(딸꾹) 미친(딸꾹) 아빠(딸꾹)..

수혁이 둘을 남겨두고 멀어진다.

수혁, 성준의 SUV로 다가와 운전석을 열어보면 성준이 숨을 헐떡이며 앉아 있다.

성준 (괴상한 목소리) 사..살려줘.. 회장..회장님이 시..시켜서..
사..살려..줘! 돈...돈 줄게.. 살려줘... 내가.. 돈..

인비를 뒷좌석에 조심스럽게 눕히고, 운전석으로 돌아와

성준을 잡아 끌어내리고는 운전석에 올라 차를 출발시키는 수혁.

숨을 헐떡이며 바닥에 축 늘어진 성준.

쓰러진 성준을 뒤로한 채 멀어지는 SUV.

암전.

101. 호수공원 - 오후

호수공원 벤치에 홀로 앉아 있는 인비의 뒷모습.

쓸쓸해 보이는 인비 곁으로 어느 화목한 가족이 지나쳐 간다.

지나치는 가족을 향해 고개를 돌리는 인비.

인비가 바라보는 방향에서 양손에 음료를 들고 오는 수혁.

이내 벤치 앞에서 잠시 머뭇거리다가 인비에게 음료를 건넨다.

잠시 나란히 앞의 호수를 바라보던 그때,

인비가 손을 뻗어 수혁의 손을 조용히 잡는다.

조금 놀란 듯 조심스레 바라보는 수혁.

수혁이 고개를 돌려 인비를 바라보자, 엉덩이를 조금씩

움직이며 수혁에게 가까이 가는 인비.

둘은 잠시 눈을 마주치고, 서로의 손을 마주 잡은 채

앞의 호수를 함께 바라본다.

끝.

| 의상 PT 2차 자료 |

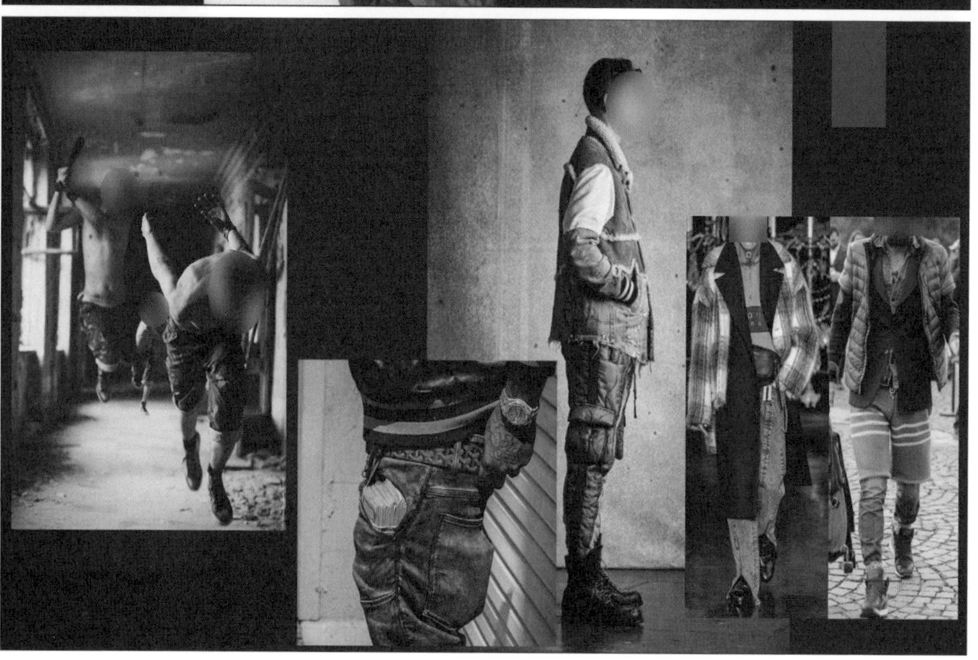

ECTIOUS
WASTE
I hav
a
drea

신목사

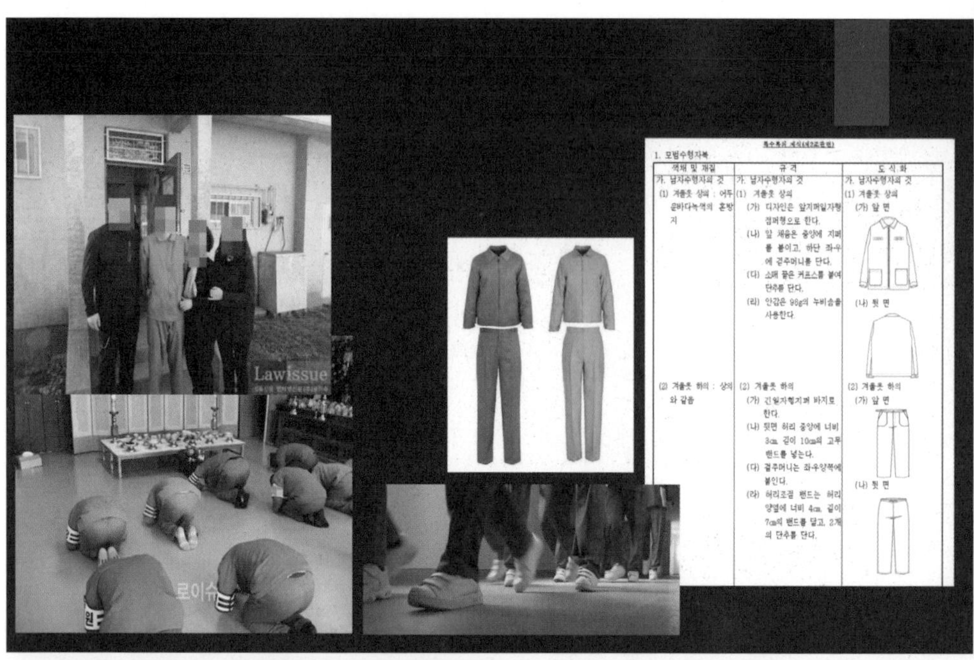

1. 모범수형자복

색채 및 재질	규격	도식화
가. 남자수형자의 것	가. 남자수형자의 것	가. 남자수형자의 것
(1) 겨울옷 상의 : 어두운바다녹색의 혼방지	(1) 겨울옷 상의 (가) 디자인은 앞지퍼일자형 점퍼형으로 한다. (나) 앞 채움은 중앙에 지퍼를 붙이고, 하단 좌우에 겉주머니를 단다. (다) 소매 끝은 커프스를 붙여 단추를 단다. (라) 안감은 98g의 누비솜을 사용한다.	(1) 겨울옷 상의 (가) 앞 면 (나) 뒷 면
(2) 겨울옷 하의 : 상의와 같음	(2) 겨울옷 하의 (가) 긴일자형지퍼 바지로 한다. (나) 뒷면 허리 중앙에 너비 3㎝, 길이 10㎝의 고무밴드를 넣는다. (다) 겉주머니는 좌우양쪽에 붙인다. (라) 허리조절 밴드는 허리 양옆에 너비 4㎝, 길이 7㎝의 밴드를 달고, 2개의 단추를 단다.	(2) 겨울옷 하의 (가) 앞 면 (나) 뒷 면

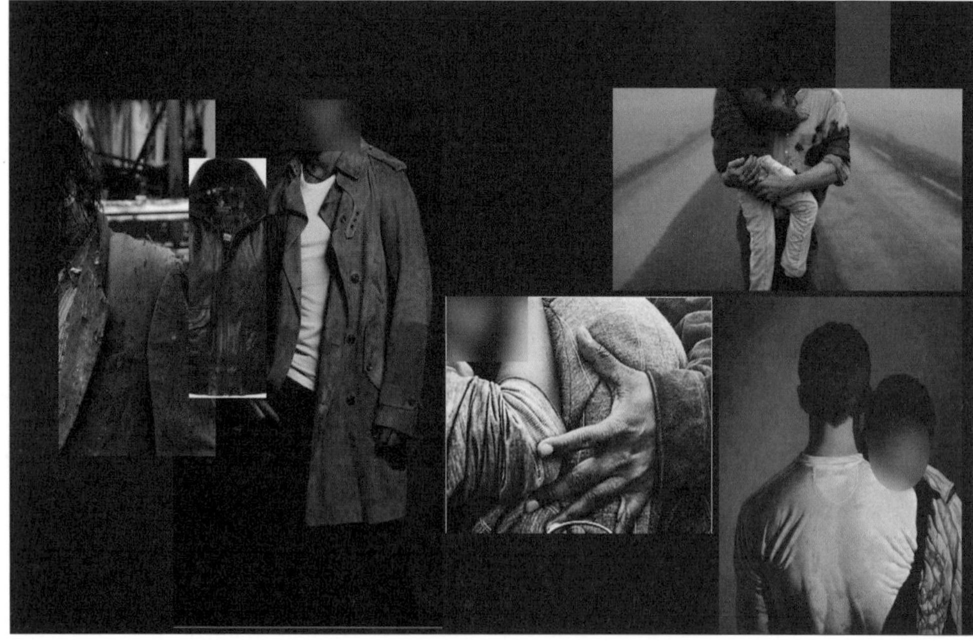

Ver.2

감당할 수 있겠나

BELS

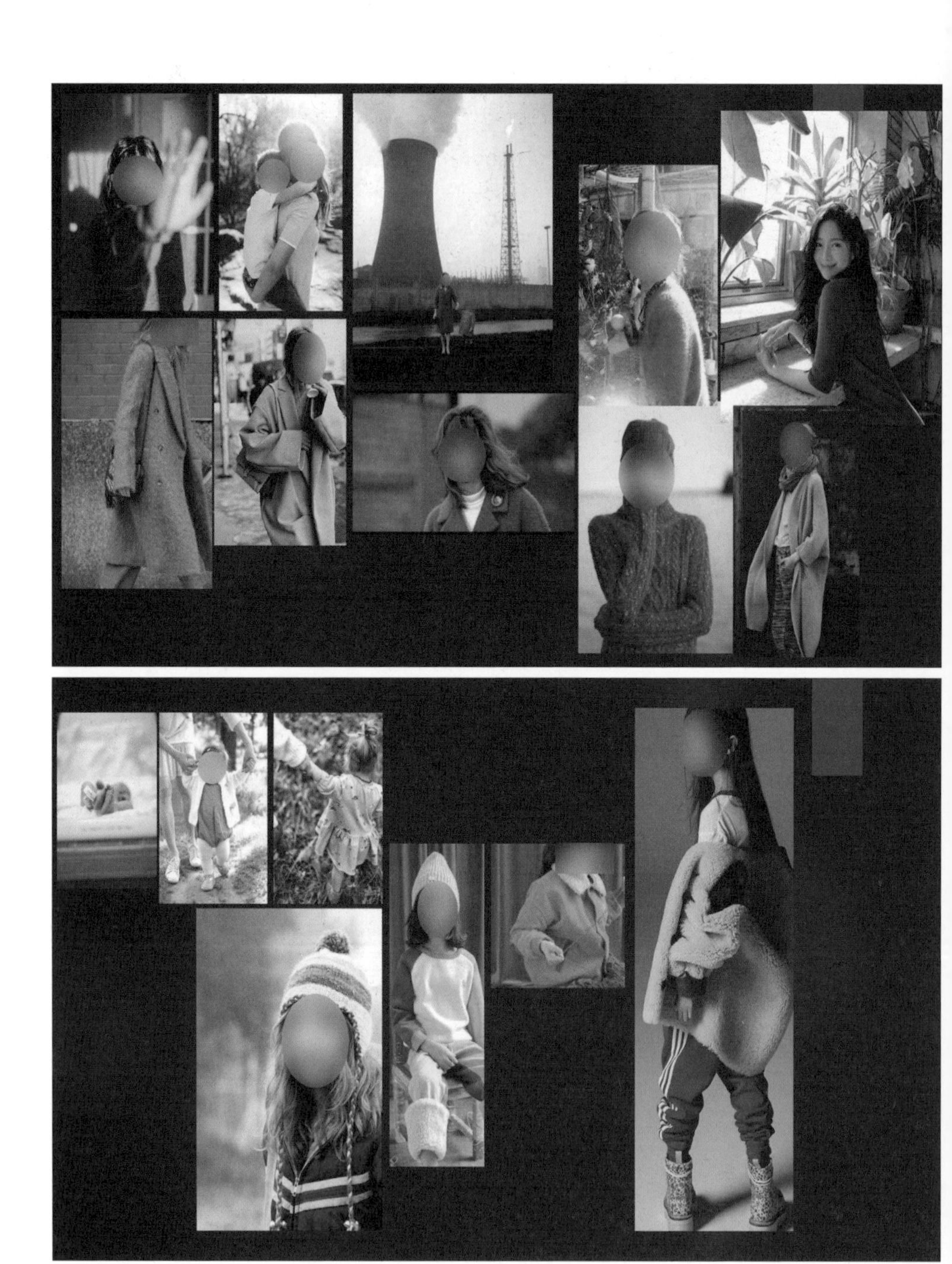

Ex. 안마 남
Ex. 게르
Ex. 어깨들

작업을 지켜보며 참견질 하는 보안팀 어깨들이 눈에 띄게 보인다.
응국 이제 이런 식상한 그림 버리고 우아하게 가자. - #68
050 COR

방에 들어가 가족과 함께 섞이는 준호. 좀 전의 무거운 모습과 완전히 다른 느낌이다.
그 모습을 바라보며 홀로 서있는 수혁. 그의 서글픈 얼굴에 희미한 미소가 번진다.
준호,, 가족,,

보호자_수혁 차량_Decoboard ArtDept

| 수혁차량 | SETTING PLAN —— 보호자

• 실제 차량 이미지_외부

*차종 : BMW 5시리즈 E39 M5_1995년 ~ 2001년 *3대 준비_1대 구입 완료 / 나머지 2대 2/7 구입완료, 구입 후 3대 오디오, 룸 미러 세팅 진행 / 차 키 부품 확인 중

ART DEPARTMENT

| 수혁차량 | SETTING PLAN —— 보호자

• 실제 차량 이미지_내부

실제 차량 내부 이미지

ART DEPARTMENT

- 차량 세팅_내부

백미러

민서 묵주목걸이

*S#42부터 세팅필요

오디오쪽

*3대 동일하게 교체해 옴
_시기확인필요

1-2m 라인 시가 잭 충전라인

*차에 원래 세팅 되어 있는 설정
*우진 압박 시
>발은 1-2M 가량의 충전라인 사용

CD 들어가있음

*시동 키면 바로 재생

발매트 발 매트 딱 맞는 걸로 교체 해 옴

의자 의자 수동으로 교체해 옴

수혁차량 | SETTING PLAN —— 보 호 자

- 차량 세팅_내부

글로브박스

긴 시가 잭 충전라인

*글로브박스에 원래 세팅되어 있는 설정
*우진 압박 시사용
>손목과 몸통 압박 시 긴 충전라인 사용

소지품봉투, 게르봉투, 넣을 수도..

수첩, 볼펜, 차량등록증 등..

ART DEPARTMENT

- 차량 세팅_트렁크 1안

*S#42 이후로 민서백 세팅 가능성 제시

트렁크 세팅 *10년 이상 된 낡은 소품
보스턴 백(헤지스), 가죽 보스턴 백(감독님), 가죽 보스턴 백(준비필요), 여분 옷가지(세팅용), 자켓(의상), 담배 한 갑(디스), 부러진 담배 한 개피, 라이터, 차량용 안전삼각대, 낡은 권투화, 종이박스, 종이박스 안에 권투용품(권투가방, 글러브, 헤드기어, 붕대, 권투용 밴디지, 붕대, 반창고테이프, 스프레이파스, 수건, 줄넘기, 물통, 지혈가루, 마우스피스, 면봉, 가위 파우치 등) 등

*종이박스 안 세팅

*박스 두 가지 다 준비

*권투용품 다 들어가는 사이즈

OR

*약품 들어가는 파우치

- 차량 세팅_트렁크 2안

*S#42 이후로 민서백 세팅 가능성 제시

트렁크 세팅 *10년 이상 된 낡은 소품
보스턴 백 ,가죽 보스턴 백, 여분옷가지(세팅용), 자켓, 담배갑, 부러진 담배 한 개피, 라이터, 차량용 밀대걸레, 차량 청소용품, 박스, 낡은 신발, 우산 , 공구박스, 수건 등

가죽가방(감독님꺼)

*혹시 모르니
소품팀 가죽가방 준비필요

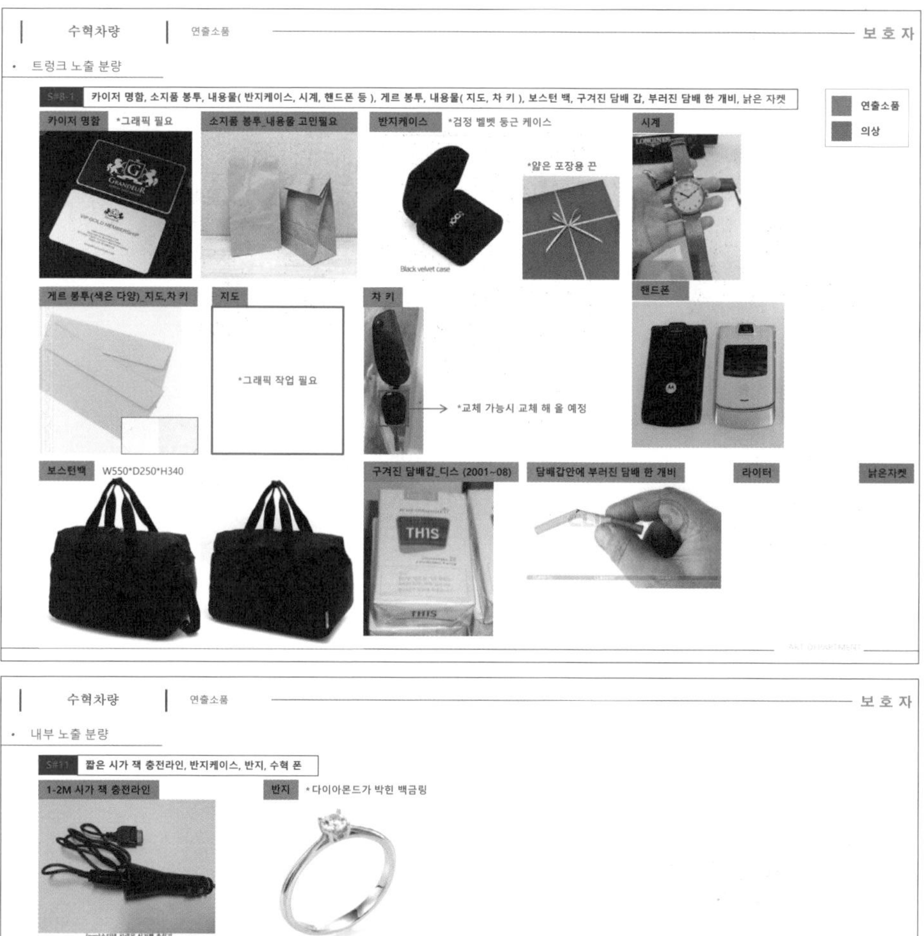
수혁차량
연출소품
보호자
트렁크 노출 분량
S#8-1
카이저 명함, 소지품 봉투, 내용물(반지케이스, 시계, 핸드폰 등), 게르 봉투, 내용물(지도, 차 키), 보스턴 백, 구겨진 담배 갑, 부러진 담배 한 개비, 낡은 자켓
연출소품
의상
카이저 명함
*그래픽 필요
소지품 봉투_내용물 고민필요
반지케이스
*검정 벨벳 둥근 케이스
*얇은 포장용 끈
Black velvet case
시계
게르 봉투(색은 다양)_지도,차 키
지도
*그래픽 작업 필요
차 키
*교체 가능시 교체 해 올 예정
핸드폰
보스턴백
W550*D250*H340
구겨진 담배갑_디스 (2001~08)
THIS
담배갑안에 부러진 담배 한 개비
라이터
낡은자켓

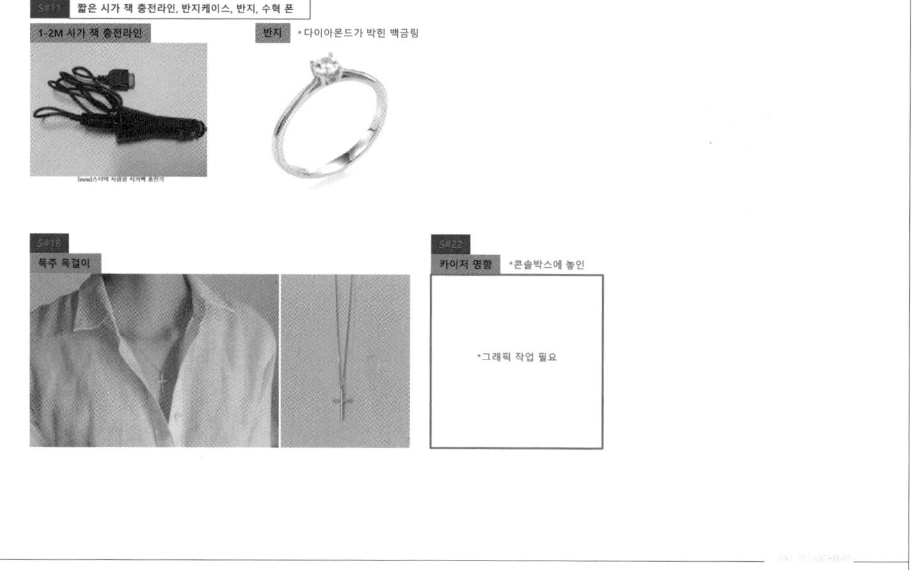
수혁차량
연출소품
보호자
내부 노출 분량
S#11
짧은 시가 잭 충전라인, 반지케이스, 반지, 수혁 폰
1-2M 시가 잭 충전라인
반지
*다이아몬드가 박힌 백금링
S#18
목주 목걸이
S#22
카이저 명함
*콘솔박스에 놓인
*그래픽 작업 필요

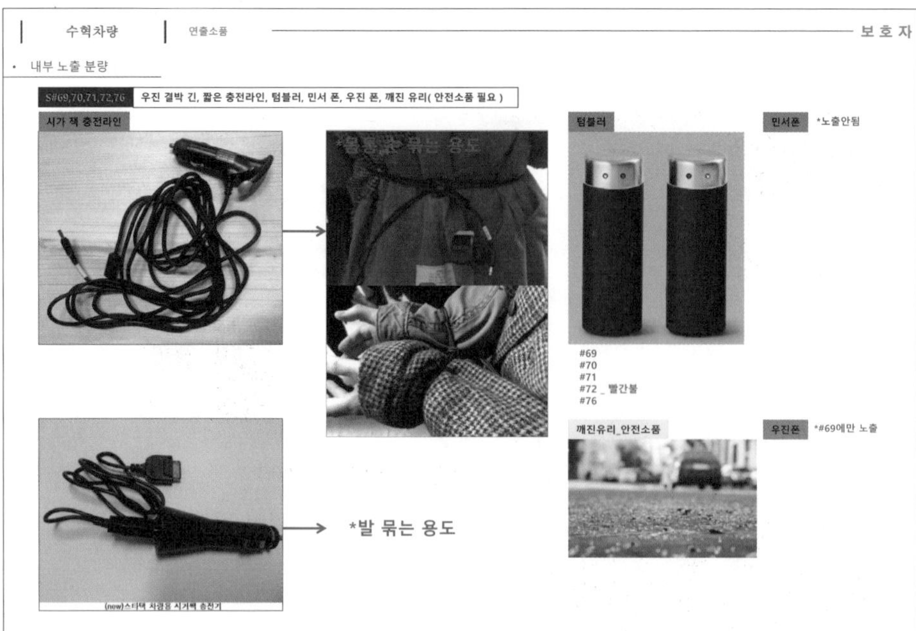
수혁차량
연출소품
보 호 자
• 내부 노출 분량
S#69,70,71,72,76
우진 결박 긴, 짧은 충전라인, 텀블러, 민서 폰, 우진 폰, 깨진 유리(안전소품 필요)
시가 잭 충전라인
*발 묶는 용도
텀블러
#69
#70
#71
#72 _ 빨간불
#76
민서폰
*노출안됨
깨진유리_안전소품
우진폰
*#69에만 노출
ART DEPARTMENT

수혁차량
연출소품
보 호 자
• 내부 노출 분량
S#96
네일 건, 진아 가방, 현금 다발
네일 건
진아 가방
현금 다발
ART DEPARTMENT

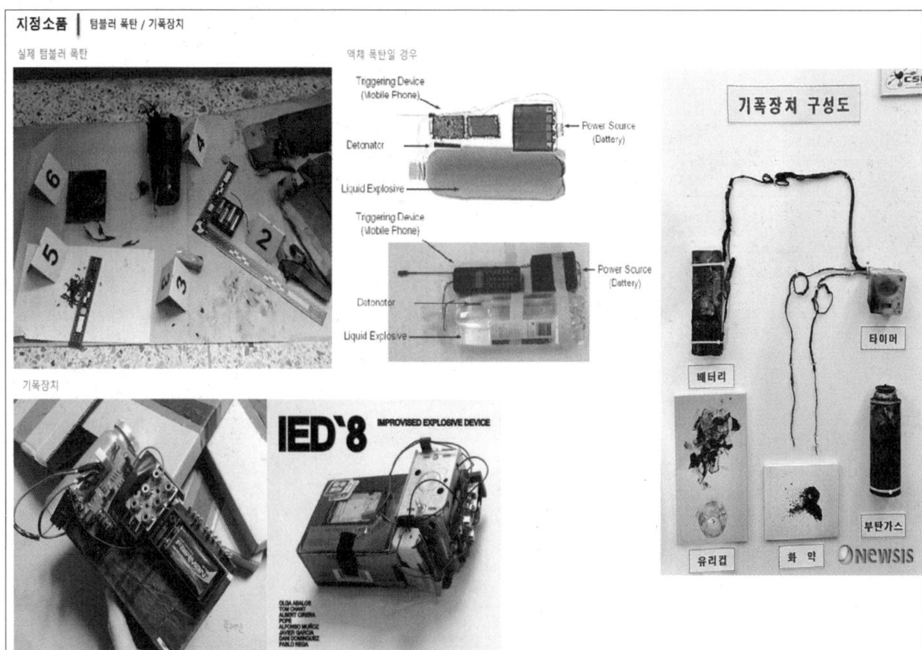
지정소품 | 텀블러 폭탄 / 기폭장치
실제 텀블러 폭탄
액체 폭탄일 경우
Triggering Device (Mobile Phone)
Power Source (Battery)
Detonator
Liquid Explosive
기폭장치
IED`8
IMPROVISED EXPLOSIVE DEVICE
기폭장치 구성도
배터리
타이머
유리컵
화 약
부탄가스
NEWSIS

지정소품 | 텀블러 폭탄_실제 텀블러
지정소품 | 텀블러 폭탄/ 디자인

Sturgeon

메이킹 스틸

2020-02-10 영화 〈보호자〉 크랭크인 기념

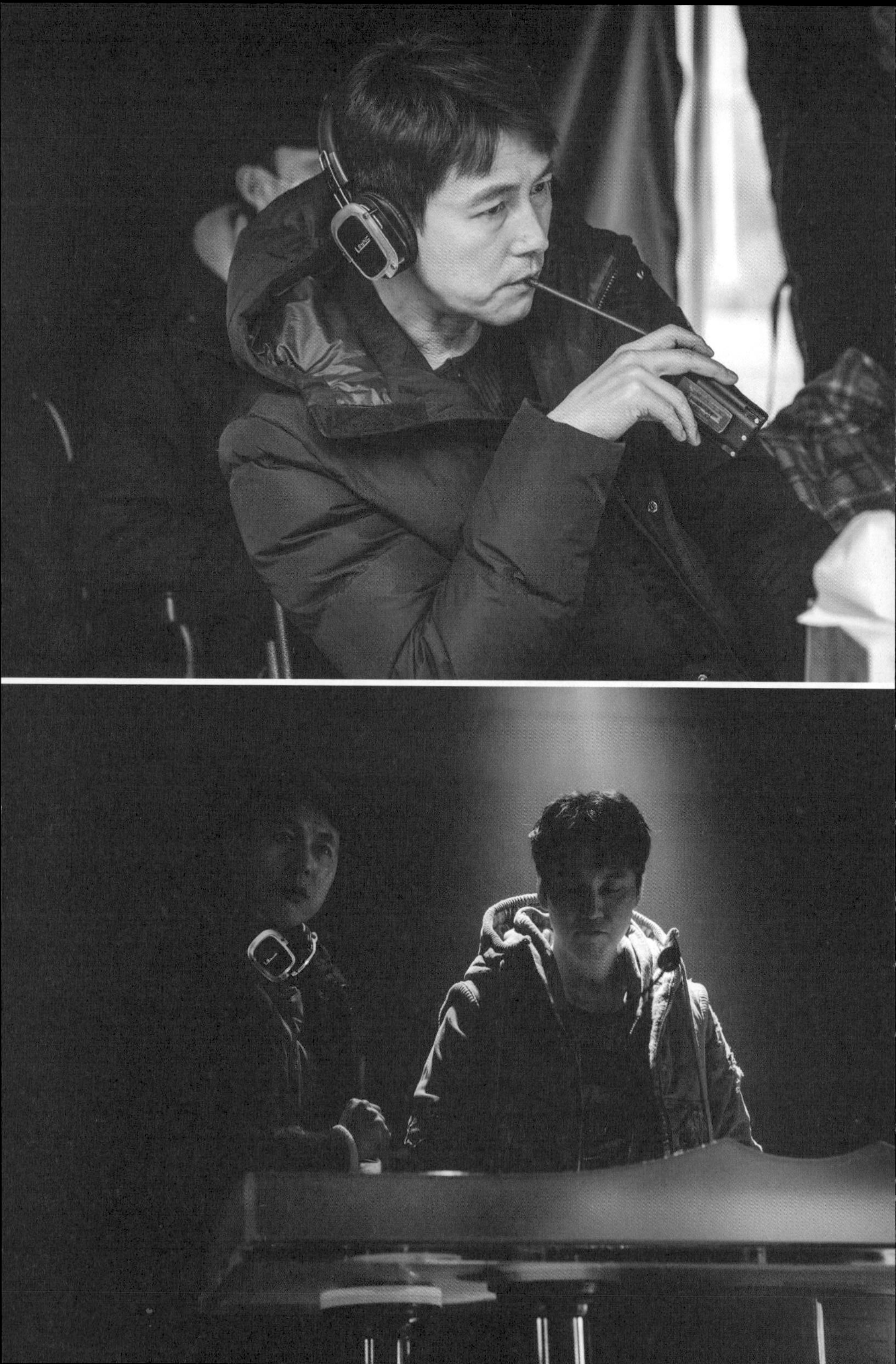

안전

Z-JIB
ARRI

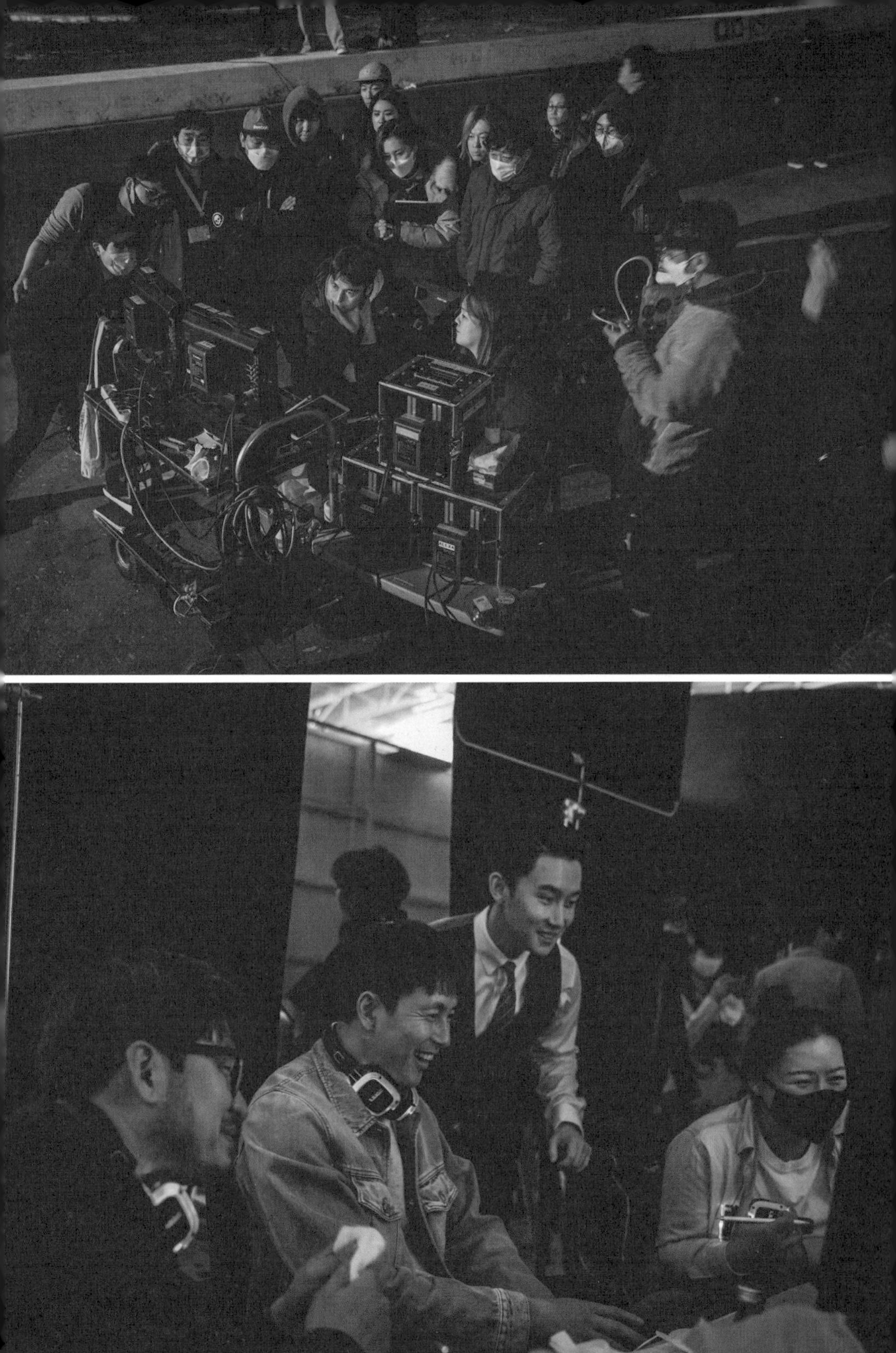

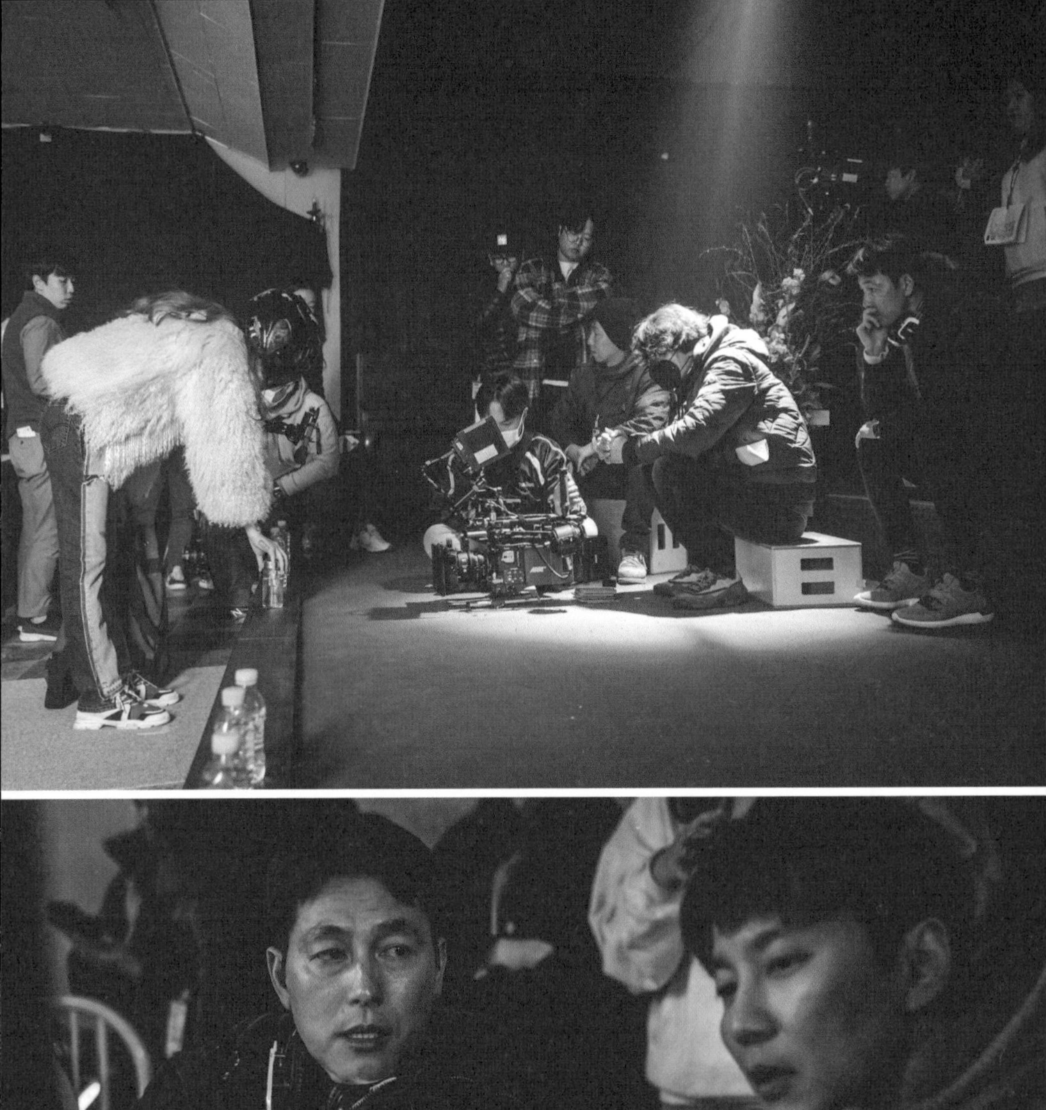

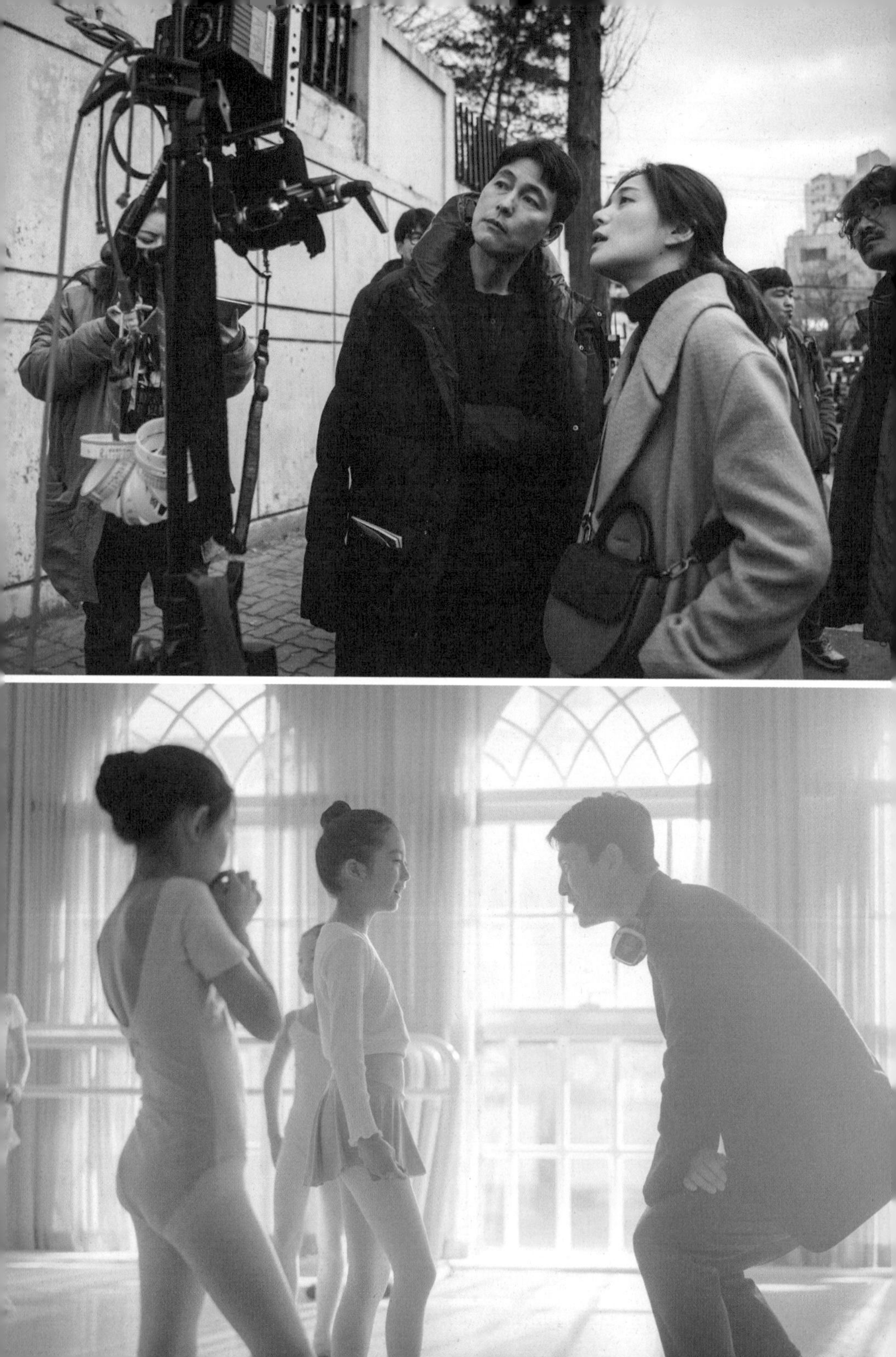

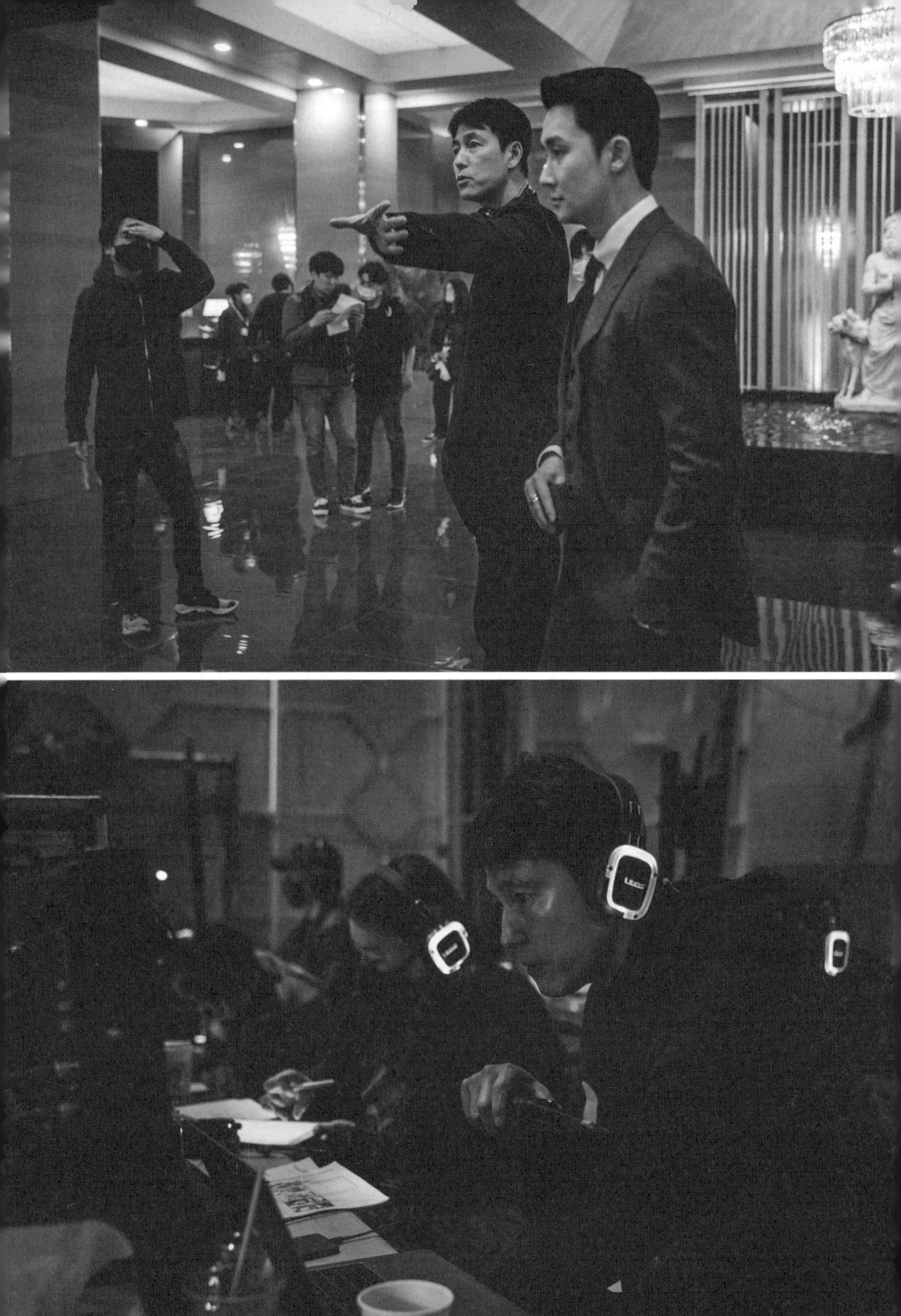

OLIVE CHICKEN

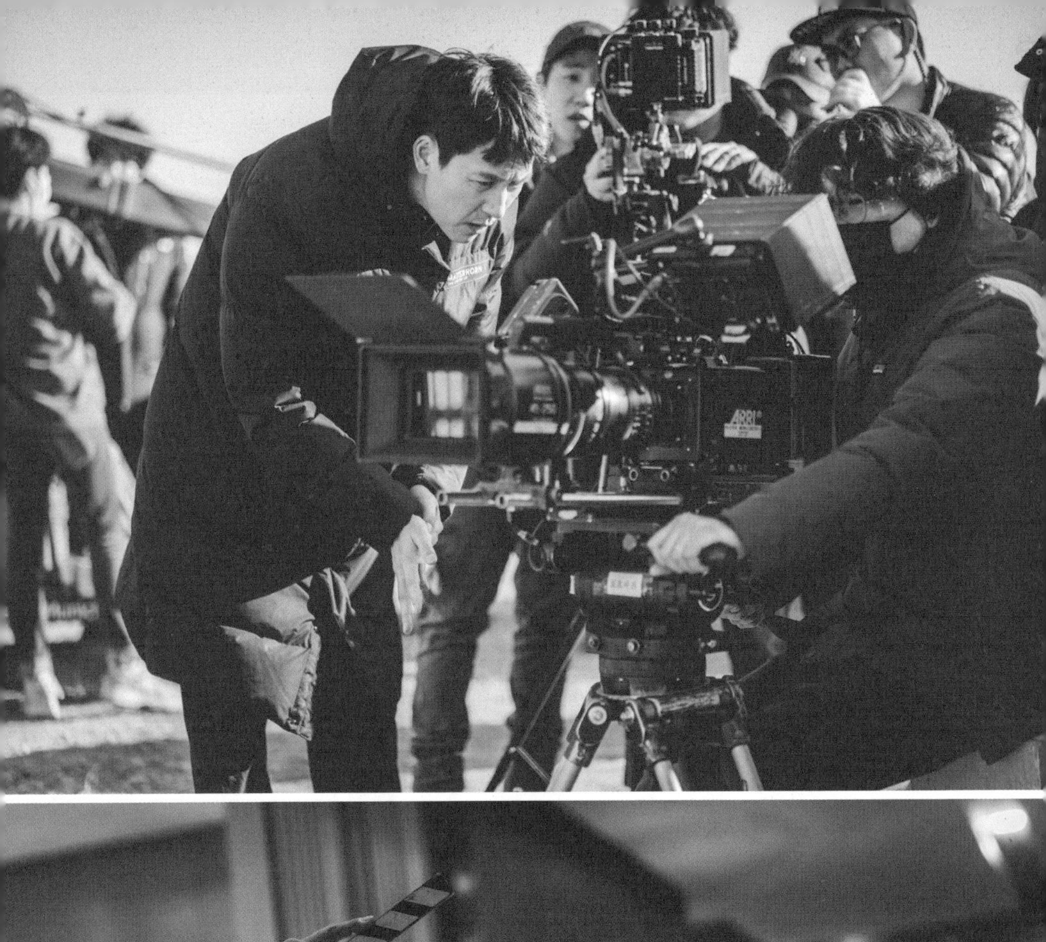

보호자
99
4
1
5
07
B124
TAKE
PD
감독 정우성
촬영 고락선

2020-05-21, 59회차 영화 〈보호자〉 크랭크업 기념

Flex
1996

1판 1쇄 발행 2023년 8월 16일

각본 정해신
각색 정우성, 허담
콘티 조성환
연출 정우성
제작 영화사 테이크
투자, 배급 에이스메이커 무비웍스

발행인 김성룡
편집, 교정 심영미
디자인 김민정

펴낸곳 도서출판 가연
주소 서울시 마포구 월드컵북로 4길 77, 3층 (동교동, ANT빌딩)
문의메일 2001nov@naver.com
구입문의 02-858-2217
팩스 02-858-2219